扬州讲坛

教育十讲

给孩子一个幸福的世界

俞敏洪 等著

人民东方出版传媒
People's Oriental Publishing & Media
东方出版社
The Oriental Press

出版说明

　　久在喧嚣的都市间生活，每天不由自主地奔驰在生活的快车道上，越来越多的人向往着内心的宁静，渴求心灵再次得到知识的滋养。

　　当代中国不乏心怀天下、学富五车的名家学者，让他们走近寻常百姓，需要的是多元化的通道。"扬州讲坛"正是这样一座联结大师与普通听众的文化桥梁。

　　"扬州讲坛" 2008 年由星云大师开办。秉持着"回馈故乡父老朋友"的朴素愿望，星云大师和"扬州讲坛"工作团队尽心尽力，广邀全国乃至海外各界名家。讲坛开办至今，历经风雨，已发展成为国内顶级的高端文化论坛，星云大师、纪连海、于丹、余秋雨、林清玄、余光中等近百位名家大师先后登坛。不少听众不远千里赶到扬州，现场常常出现一票难求的盛景。"北有百家讲坛，南有扬州讲坛"，正是听众对讲坛最真诚的赞许。

　　十年间，扬州讲坛沉淀下丰富宝贵的内容，范围涵盖遍及社会、历史、哲学、文学、经济等方方面面。我们将讲座精华按类汇编，结集出版，以飨读者。首推三册《历史十讲：走进王朝深处》《国学十讲：追溯中国人精神之源》《人生十二讲：欢喜心过生活》面世之后，受到了大众的关注和喜爱，本次将再推三册，《教育十讲：给孩子一个幸福的世界》，意在从家庭教育、文明、教养、内心等方面出发，给孩子一个幸福的世界。《艺术十二讲》意在从京剧、诗歌、书法、电影等方面出发，阐释艺术是一种更好的生命状态。《文化十讲》意在从传统文化、古建筑文化、中外文化对比等方面出发，感悟中国智慧。

除六册以外，其他领域的内容也将择机陆续面世。希望无缘到场的读者也可身临其境，一起聆听当代中国有价值的大师之声。

本书策划与出版过程中，得到扬州讲坛和上海大觉文化传播有限公司的大力支持，在此表示诚挚的感谢！

目录

序

为文化的宏伟殿堂添一块砖瓦

　　我是一个年近九十的老人，这一生为弘扬佛法，经历过大时代的洗礼，也行脚过世界许多地方，但心中始终有一份对故土的牵挂与怀念，希望能凭借自己的微薄之力，报答故乡山川土地对我的滋养，回馈故乡父老朋友对我的厚爱。因此，当20世纪末，我有机会回到故乡，就开始朝此方向努力。

　　感谢全世界佛光人认同我的愿心，以及大陆各地许多领导支持我的理念，群策群力，先后建设了鉴真图书馆、佛光祖庭宜兴大觉寺，也成立了星云大师文化教育公益基金会，以及上海大觉文化公司等。其中，2008年在鉴真图书馆设立的"扬州讲坛"，经过七年耕耘，已经结出丰硕的文化果实，成为扬州这座古都一张足以骄傲的文化名片。

　　鉴真图书馆的设立，是为了佛学研究，图书馆里典藏了几十万册佛学及文史哲图书，还有环境优美的研究室，并且免费给学者提供食宿。然而我是一个有人间性格的人，总觉得偌大的图书馆只为少数学者服务，似乎可惜了，于是想到成立"扬州讲坛"，每个月两场，邀请大陆、香港、澳门、台湾地区，甚至海外的名家来演讲。有些学者专家公务繁忙或时间无法配合，为了给大众欢喜，我一一亲自打电话邀请。他们来到扬州后结下善缘好缘，喜欢上扬州，跟我们也成了好友。

"扬州讲坛"至今能坚持讲学不辍，因为我对执行的弟子说：讲题要开放，海纳百川，不限与佛教相关；讲者要多元，各领域专精者都欢迎。

最近听说，"扬州讲坛"的精彩内容要编辑出版了，我非常高兴。借此机会，首先感谢近百位主讲人，其次要感谢扬州市领导，最应该谢谢的是热情听讲的大众。除了扬州市民，很多都是远从其他地方来的，诚意可感。

中华文化博大精深，是我们炎黄子孙珍贵的精神遗产，也是以泱泱大国之姿傲立世界的软实力。这几年政府提倡弘扬传统文化，我觉得方向十分正确，也极具远见。这套书的出版，或许可以为正在建设中的宏伟文化殿堂，添加一块小小的砖瓦。不久的将来，让我们用文化的面容，在 21 世纪受全世界尊重！

值此出版前夕，仅以这篇小文为序。

星云

2015 年 2 月 4 日于佛光山

（本序为星云大师为"扬州讲坛"系列图书《历史十讲：走进王朝深处》《国学十讲：追溯中国人精神之源》《人生十二讲：欢喜心过生活》出版前夕作序。）

卢　勤

　　中国少年儿童新闻出版总社首席教育专家、原总编辑，著名的"知心姐姐"。中国家庭教育学会常务理事，中国关心下一代工作委员会专家委员会委员。曾获中国新闻工作者最高奖"韬奋新闻奖"，"中国内藤国际育儿奖"，并获"中国保护未成年人杰出公民""全国优秀儿童工作者""全国三八红旗手"称号。

给孩子一个幸福的世界

卢　勤

龙生九子，子子不同。龙的九个儿子，有的会呼风，有的会唤雨，有的爱负重，有的爱玩水。龙妈妈很会教育孩子，让它们做着自己最擅长、最热爱的"工作"，所有的龙都是喜笑颜开的。我们所有做父母的，都望子成龙、望女成凤，这就是成龙成凤的经验。

我们要承认，孩子是有差异的，就是你自己生的两三个孩子，他们之间也是不一样的，如果我们用一样的标准衡量不同的孩子，那孩子是不幸福的。所以面对每个与众不同的孩子，怎样让他们真正获得幸福的人生呢？

我想问问大家，希望孩子人生幸福的请举手。谢谢大家了。其实幸福比功名更加重要，快乐是人生中最重要的一段经历，人怎么才能幸福呢？党和国家需要人民幸福，尤其是要我们的孩子幸福。爸爸妈妈都希望自己的孩子幸福，孩子也希望自己幸福和快乐。但是他们真的不如我们小时候幸福，不如我们小时候快乐，其实他们吃的、住的、穿的、用的比我们小时候好多了，那究竟是为什么呢？所以今天我想给大家讲的主题是，给孩子一个幸福的世界。

一、幸福究竟在哪里？

1. 告诉自己我很幸福

我想谈这么几个方面。首先，幸福在人的潜意识里。每个人都有潜意识，潜意识是不知不觉中形成的，是人生的底片，这张底片是阳光灿烂还是充满阴霾，是一片光明还是充满黑暗，都是在家庭教育中慢慢地形成的。孩子小时候生长在什么样的环境中，他的心中产生的是"我能行"还是"我不行"，这种潜意识在关键的时刻就会爆发。

2011 年，一个非常著名的城市，一名成绩优秀的高三学生，清华大学提前来招生，面试后没有要他。他怎么也想不明白，"为什么不要我，我这么棒怎么就不要我"，最后老师刚走他就跳楼自杀了。按照他的成绩完全可以考上清华大学，他为什么做出这样的抉择呢？因为他内心里充满了"我不行"。我发现自杀的孩子多数都是成绩优秀的孩子，你让那些成绩不好的孩子去自杀，他都不自杀，因为他们想得明白着呢，我这儿不好，我那儿还好呢。就是那些成绩很好的孩子，一点儿挫折都承受不了。

在两年半以前我升格做了奶奶。我有了一个小孙子，小孙子很可爱，大眼睛，双眼皮，高鼻梁，小嘴巴。满月的时候带他去医院检查。有一个妈妈，孩子也是一个月，本来挺高兴的，看我们家孩子以后就不高兴了。冲他们家孩子说："瞧人家孩子双眼皮，你怎么单眼皮啊！瞧人家孩子多漂亮，你怎么这么难看啊！"我当时心里好难过啊，孩子刚一个月，何罪之有啊！

或许厄运从此开始了，孩子上幼儿园了，"妈妈，我得了一朵小红花"。妈妈一定问："别人得几朵啊？""有两朵或三朵的。""你为什么没得三朵啊！"孩子上小学了，"妈妈，我考了 98 分"。妈妈一定问："有考 100 分的吗？""有啊。""你怎么没考 100 分啊？"于是孩子开始不爱学习了，他开始在压力中长大了，他开始成为别人竞争的对手了。

好不容易考上大学了，考上的成功了，没考上的失败了；在考上大学的孩子中，考上重点大学的成功了，没考上重点大学的失败了；在考上重点大学的孩子中，考上名牌大学的成功了，没考上名牌大学的失败了；考上名牌大学的孩子中，考上清华北大的成功了，没考上清华北大的失败了；考上清华北大的孩子中，考上重点系的成功了，没考上重点系的又失败了；考上重点系的孩子中，考第一名第二名的成功了，后面都失败了；第一名和第二名的孩子中，压力太大的，跳楼自杀了。等你回头一看，成功的路上没人了。中国十几亿人怎么就缺人才了？人才去哪儿了？被我们比没了。"我永远是不行的"，他们忽然失去了对自己的看法，忽然失去了对自己的认可。

2012 年浙江高考的作文题是什么？是有一个叫刘继荣的妈妈写了一篇短文，她说她的女儿在学校里成绩平平，但是老师呢，让同学们推选一个你最欣赏的人，全班大多数同学选的都是她女儿，原因是她乐观、幽默、善良、好相处、守信用。妈妈很高兴地跟女儿说："这回你成英雄了！"女儿却说："我更希望做个为英雄鼓掌的人。"妈妈很有感触，写了篇博文发出来，网民发表了三层不同意见。网民甲说："我觉得为英雄鼓掌挺好的。"网民乙说："都为英雄鼓掌，谁当英雄啊！"网民丙说："我觉得两样都不错。"请结合材料，自选观点，写篇文章，题目自拟。

当天下午，《杭州青年报》的记者给我打电话，说："知心姐姐，我想听听你的意见。"我觉得这个问题提得太好了。我们当今社会有一种不好的风气，是羡慕嫉妒恨。谁好，就羡慕嫉妒恨谁，为什么呢？因为我们没有告诉孩子要为英雄鼓掌，他们没有这种心态。所有的成功都需要掌声，歌星是粉丝用掌声捧起来的，运动员是那些加油的声音激励出来的，演讲家也是大家用掌声激发了他的热情，所有人的成功都离不开掌声，所以掌声在人生的成功中起着重要的作用。但是当一个歌星，一个运动员，从场上下来的时候就变成普通人。当你去饭馆吃饭的时候，大师傅成了英雄；当你坐飞机的时候，飞行员成了英雄。所以人生有两个角色，既要当英雄，也要为英雄鼓掌。我觉得社会应该提倡大家为英雄鼓掌。

我就忽然发现，在那么多爱孩子的家长中，有句话对孩子的潜意识杀伤极大。什么话？"你瞧人家！"觉得人家孩子是金子，自己孩子是沙子；人家孩子是天才，自己孩子是蠢材。完全瞧不起自己的孩子！我们一句话"你瞧人家！"就把那些孩子变成了自己孩子的对立面。很多年前，有个小男孩曾经给我打电话，问："知心姐姐，你知道我的朋友叫什么名字吗？"我说不知道。"他叫小红。知心姐姐，你知道我的敌人叫什么名字吗？"我说不知道。"他叫小红。"我说："那怎么都是一个人？""就是一个人。本来我们俩是好朋友，但每次考试小红都比我考得好，我妈每次都说：'你瞧人家怎么考得那么好，你怎么考得这么差！'因为他，我挨了不少打，挨了不少骂。我现在知道了，我得把他杀了。我给他杀了，我妈就没得比了。我今天给你打电话的目的，是跟你研究一下怎么把他杀了好。"我说："我先跟你提一个问题，你把小红杀了，你妈会找一个小绿跟你比，你把小绿杀了，你妈再找一个小黄跟你比。""那我是没治了。"我说："我告诉你一个办法，把你妈找来，我跟你妈谈谈就没事了。"孩子今天把他的朋友当作敌人，是因为家长把人家的成长变为打击孩子的借口。于是孩子心中容不下别人了，谁好就恨谁嫉妒谁。这就形成了这样的观念，所以我觉得这个观念要从小去掉。要让孩子为别人的成功鼓掌，同时要看见自己的价值。

每个孩子都有不同的价值，每个孩子有不同的长处，每个孩子有自己不同的潜能。有的孩子当音乐响起时就翩翩起舞。像舟舟，天生的智力障碍者，四岁不会系鞋带，话都不会说，人们叫他"小傻子"。可他的爸爸妈妈没有放弃他，爸爸天天上班带着他，爸爸想发现儿子对什么感兴趣。有一天忽然发现，舟舟看指挥的时候非常出神，拿着筷子指挥得很像，爸爸给他买根指挥棒，他上台就会指挥，叔叔阿姨把指挥台让给他，没人教他，他指挥得很逼真，最后他上了真正的舞台，上了国际舞台。一位大师说舟舟是天才的指挥，看着画就能背出曲子来。他妈妈写了本书叫《舟舟》，出版社找我帮他写序，我当时很忙就没看这本书。后来他们说，你快写吧，他妈得癌症了快不行了，我立刻看了这本书，非常感动，我当时写的题目是《是谁激发了舟舟的潜能》。是他的爸爸妈妈，他们对这个残疾的孩子不离不弃，终于发现他有潜能。他的妈妈在家门前种一棵树，跟舟舟说以后想妈妈就看这棵树，妈妈最担心他不能生存，但妈妈是含笑而走的，因为她知道儿子会指挥了，就有了生存的机会。

会音乐的孩子真的需要激励，我们今天很多孩子在学音乐，但是很多家长用了错误的方法——打和骂，逼孩子考级考证，这不是我们想要的呀。上次我去当当网做节目的时候，一位年轻的女记者跟我说："我从小爱弹钢琴，结果我妈妈就把它当成一回事儿了，要我考级考证，我不爱弹的时候，妈妈就打我骂我，后来跑到学校去打我，同学们组织人墙保护我。最后我终于考上了中央音乐学院，毕业以后我死活不去弹钢琴了，我到当当网卖书去了。我爸爸就说了，要知今日何必当初呢？花了那么多的钱，费了那么多的力。"是谁打击了孩子的积极性？是他们的父母。他们用急功近利的方法扼杀了孩子的兴趣。如果你的孩子有音乐素质，请你爱护他，你不要给他当老师，当他的观众是最好的。

有一个男孩子很喜欢小提琴，可他不会拉，妹妹是音乐学院的，拉得很好，他在家拉的时候，妹妹说别拉了，像拉锯似的太难听了。有一天他就扛着琴跑到后山，他心想我在这拉吧，忽然一回头，看到长凳上坐着一个老太太，极瘦极瘦，老人坐在那一动不动。小孩害怕了，奶奶是我打扰你了吧，我拉琴跟拉锯一样难听。老人摇摇头说，你拉吧，我听不见我是聋人。然后他就冲着老人拉，老人什么都不说，就是看着他点头。过了一段时间，有一天他回家拉小乐曲，妹妹听了好惊讶，你是跟谁学的呀，怎么提高得这么快，他跟妹妹说我没跟谁学，我每天冲一个聋人拉琴，他形容聋人的样子，妹妹吓一跳，那是聋人？那是音乐学院著名的小提琴教授！老人从来不指点他，只听他拉琴，就激发了他极大的兴趣，所以如果你孩子喜欢音乐，一定给他当一个忠实的观众为他鼓掌喝彩。

有的孩子擅长图画，你跟他说的任何事，他的眼前出现的都是图画，这种孩子有想象力、创造力，而且表达能力也比较强。因为我小时候也是属于擅长图画的孩子，所以我跟别人讲话从来不拿稿，拿稿我就不会说了，我记性不大好，你让我背个东西很难，你让我说个东西很容易，因为我是图像思维的。这要感谢我的幼儿园老师，我小时候就爱画画，我上幼儿园中班，上学第一天，老师给每个小朋友发了六支彩色铅笔，我可高兴了，拿了张白纸，用这六支铅笔并排画了弹簧一样的东西，我主要想看看哪个颜色好看，刚画完，老师说交上来吧，我就交上去了。老师问我你画的什么呀，我当时没想画什么，我只是看看哪个颜色好看。老师用期待的目光看着我，我就说烟，老师说什么烟呢？我妈蒸馒头烟囱里冒的烟。老师说那你回家仔细观察一下，看你妈蒸馒头的时候烟囱里冒的什么颜色的烟。回家一看可失望了，除了白的就是黑的。第二天老师又问我，你画的什么呀，我说烟，老师说什么烟，我说明天的烟，明天的烟一定会有六种颜色，老师拍着我的肩膀激动地说："哇！你太有想象力了！"从此以后我就有想象力了。我开始想象，什么事情都会想象得非常美好。终于在祖国五十年大庆那天，天安门广场举行阅兵仪式，飞机从我们家窗户前飞过，我看到了五彩的烟，这就是我想要的烟啊。

所以我很相信一个教授的话，他获得了诺贝尔奖，人们问他：您是在哪一个高等学府的研究室里研究出来的呀？指导您的大师是谁呀？他说：幼儿园老师。他幼儿园的教育令他终生难忘。我也很感谢我的幼儿园老师，如果那老师说：是烟吗？回家好好看看去！别瞎画！我可能早就没有想象力了。所以爱画画的孩子，你不要只让他去比赛，你让他去想象，爱怎么画怎么画，孩子只有把心中的画画出来才有创造性。如果能够把文字变成图画，孩子记忆很多东西就不成问题了。每个人记图画的时候是最容易的，记文字有时候会困难，所以对于喜欢画画的孩子要发展他的想象能力。

有的孩子擅长文字，过目不忘，看东西非常集中，很快就能记住，这种孩子呢，他对文字有一种亲切的感觉，看书看报看东西都很快，而且能够很快地记住。很多领导人有这个才能，见到你就能知道你的名字。这种本事也是很难得的，也是很需要的。

还有的孩子擅长数学，将来在数学方面有造诣的人并不是整天做数学题的孩子，而是玩数学的孩子，他活在一个数学的王国里。因为我哥就是个数学家，他从小爱玩数学，我从来没看他写过作业，他说作业在学校早就写完了，在家做的全是趣味数学。我还没有上小学的时候他就出过一道数学难题，一只羊、一只狼、一棵菜过河，小船每次只能驮一个，怎么让狼不吃羊，羊不吃菜？最后的结果是先把羊驮过去，留下狼和菜，第二次把菜驮过去，把羊捎回来，再把狼驮过去，最后再把羊驮过去。这叫运筹学，我哥学会了运筹。他切西瓜，就会研究怎么少切几刀多切几瓣。他在高中参加数学竞赛，经常获奖，在大学，是数学系的高才生。研究生时期，他的硕士论文达到了博士水平，教授把他推荐到美国。在美国，获得了数学博士学位，当了博士后，又取得了计算机的硕士学位，现在是个专家。都 70 多岁了，人家不让退休，因为他脑瓜真的很好使。

我觉得我妈是个教育家，我妈没有受过高等教育，我妈懂得因材施教，我妈有六个孩子，从来不把六个孩子互相比较，我妈从来都不会说你看你大姐多棒啊，北医高才生；你看你大哥多棒啊，洋博士；你看卢勤老上电视。我妈说的是三百六十行，行行出状元，干什么都有出息。

你要让孩子高兴地做自己，不要说你瞧人家，人家比你好多了，把自己做好，扬长避短比什么都强。我小时候有两大爱好，一大爱好变成特长，一大爱好变成"特短"。我小时候很爱画画，五岁照我妈养的大公鸡画了个彩色大公鸡，在北京幼儿园得奖了，得了五张彩纸，我可高兴了，跑回家跟我妈说：妈，我画的公鸡得奖啦。我妈当时笑得眼睛眯成一条缝儿，太好啦，我早就说过，你画的公鸡比我养的公鸡还漂亮呢。我从此爱上画画，天天画。上学第一天老师问谁会画画，别人都没举手，我傻乎乎就举手了。老师高兴了，那就好了，黑板报就交给你了。我从一年级画黑板报一直画到六年级，从初一画到了高三，下乡插队给农民办报，最后就办了《中国少年报》。

我还有个爱好变成了"特短"，我小时候很爱跳舞，音乐响起就翩翩起舞，我跳孔雀舞还去参加过演出。结果不幸的事发生了，小学毕业前期，北京舞蹈学校到我们学校招收小学员，选了四个女孩，有我一个，老师让我们去舞蹈学校面试，把外衣脱掉，穿着小红袄小背心，手背后脚跟并上脚尖朝外站直。我刚站好，舞蹈学校一个老师从我身边走过，瞟了我一眼说，哼，腿都不直还跳舞呢，你瞧人家。我这才看别的女孩，人家女孩两腿一并，一条直线，我倒好，上面一个洞，下面一个洞。晚上光着大腿照镜子，左看不直右看更不直了。以后再跳舞，耳边总想起老师的话，"腿都不直还跳舞呢"，后来就不太想跳了。上中学以后，我去田径队跑短跑，跑得可快了，全区拿名次，越跑腿越粗。等我插队回来，上了年纪的人大部分学会了交际舞，我总学不会，我心里有障碍。有时候出去开会，有人请我跳舞，我都说对不起我不会跳，其实我也会跳，主要是我腿不直，不太适合跳舞。有一天我在舞场上仔细观察发现，舞场上，腿比我不直的人有很多，有的人罗圈腿也跳得很疯狂，我想这个人小时候肯定没有经过

"专家鉴定"，如果哪个专家告诉他长成这样不适合跳舞，他早就没兴趣了。

我忽然明白了一条真理，如果一个孩子，从小生活在你不行的环境中，把你不行变成我不行，他就真的不行；如果一个孩子生活在你能行的环境中，把你能行变成我能行，他就真的行了。所以我们今天一切的努力在孩子的潜意识中写下三个字：我能行。当孩子去考试的时候，你千万不要拍着他的肩膀小声说，千万别紧张啊，他肯定紧张。我们将负信息发出之后他心里就打鼓了，啊，不行不行，我肯定要紧张了。所以王立娜获得了世界射击冠军，她最感谢的是一名老师，老师告诉她说，别想金牌，金牌不在你手里，想过程。怎么想？闭着眼睛，怎么上场，怎么持枪，怎么拿稳，怎么射击，不要往左看，不要往右看，只往中间看，不要想上一枪，不要想下一枪，就想这一枪，于是她获得了冠军。

其实人拼的是心理素质，人的心理素质好，才能发挥得就好，如果你心中一直对自己不自信，那么上场就会慌张。所以你要想孩子幸福，不是给他什么金银财宝，而是告诉他，你能行。那么这个你能行有一个非常重要的观点，就是你不要把财富留给孩子，你把孩子变成财富，你老是想给孩子留下车子票子房子，没有给他留下能力和自信，到头来也是一场空。我有一个好朋友，是个单亲妈妈，她很有爱心，她跟我说过一句话，"我要把我的爱给我儿子"。儿子 17 岁时她给儿子买辆宝马，儿子 18 岁时她给儿子买套房子，儿子 19 岁时问她："妈，你知道我哪天最高兴吗？""哪天啊？""你死的那天，你的钱都是我的。"妈妈吓了一跳，她知道留给孩子的不是财富，而是祸害。后来她听了我的劝告，让儿子去培训，两年之后儿子想通了，回大学读书，现在毕业了，到妈妈的企业去工作。

欧洲妈妈和我们完全不同，有个妈妈非常有钱，孩子上初中时向妈妈要一辆保时捷，想让妈妈在他过生日的时候送给他，就在儿子过生日那一天，妈妈果然送上辆保时捷，但不是一辆真正的汽车，是个汽车玩具。妈妈在玩具汽车上面写了四个字：自己挣去！数年之后，儿子果然挣钱买了辆保时捷。我的朋友去欧洲的时候，他亲自驾车带我的朋友去旅行，春风得意。

我们是把财富留给孩子，人家是把孩子变成了财富。今天你的一切是你创造的结果，你不要都留给你孩子，让他自己去创造，他自己挣来的东西才真正是他的。所以"我能行"三个字，很难写到人的心底，你要慢慢地体验，慢慢地感受，慢慢地感悟，让他感悟到我能行。

2. 有爱心也是一种幸福

幸福在哪里？第二点，幸福在你的爱心之中，有爱的人才幸福，爱心决定快乐，奉献决定幸福，付出才会富有。英国伊丽莎白女王80大寿的时候，请了2000名哈利·波特的小粉丝来到白金汉宫，女王跟孩子们说，我今天请你们来是帮我做一件事，我最心爱的手袋丢了，也不知道丢在了公园花园里还是丢在宫殿里，能帮我找到吗？孩子们说好呀好呀，2000个孩子一会儿就找到了，不仅找到了女王的手袋，还找到了很多好玩的玩具和好看的书籍。女王说，孩子们谢谢你们啦，这些捡到的东西你们拿回家吧，孩子们欢天喜地地回家了，作为女王她完全有理由用吃的喝的玩的来施舍孩子，但她没有这样做，因为她懂得，孩子最大的快乐是帮助别人。所以你要孩子一生快乐幸福，你就要让孩子学会帮助别人，有爱心。爱心是怎么培养的呢？

首先在儿童时期，爱心怎么分享呢？这对我们是巨大的考验，我们的孩子多数是独生独养独享，没有分享的机会。所以我孙子出生之后，你知道我第一句话教的是什么吗？给奶奶。我一进门，我说给奶奶，他只要拿东西就一定会给我，有时候什么都没有，拿空气给我，我也会接受。所以现在他总是有好吃的给奶奶吃。奶奶要很高兴地吃，而且非常夸张地吃，要感到非常满足地吃。多贵的东西也要吃下去，不要舍不得吃。你舍不得吃以后就没你什么事了。

我上次问孩子们，你爸爸爱吃什么饭，一个小孩说我爸爱吃剩饭，我爸说吃我剩饭最高兴了。这个爸爸真不会当爸爸。以后等孩子长大他就准备吃剩饭吧。那天我穿的袜子破了，"奶奶你袜子破了"。我说："是呀，奶奶袜子破了。""妈妈，咱们给奶奶买袜子去吧。"我说："太好了，就等你这双袜子了。"

一个下岗女工，没有钱，买了半斤虾炒给孩子吃，孩子13岁了，低头吃，连看都不看他妈一眼，他妈夹了几个说，我也尝尝。儿子站起来说，你给我吐出来，那是我的，你不能吃。妈妈哭着跟我叙述，我说这是你自己造的孽，你没让他从小学会分享。

有同情心很重要。在一个国家，有一个评选最具同情心的人的活动，结果一个4岁男孩被选中了。他做了件什么事情呢？他们家邻居老爷爷的老伴去世了，老爷爷天天坐在地上哭，谁叫都不起来。有一天这个4岁的孩子过去了，在老爷爷的膝头坐了一会儿，回来了，老爷爷就不哭了，从地下爬起来了。妈妈就很奇怪，问他对老爷爷说了什么，孩子说我什么都没说，我跟他一起哭。

玉树地震的时候，我遇到了这样一个孩子，只有9岁就当了小小志愿者，我遇上他就很喜欢他。那一年，"六一"的时候他来中央电视台做节目，一个辅导员说，我把他带到你家去吧，我说太好了，我很想见他。他来到我家，我给他煮了饺子还有元宵，等他吃饱了，我问他："你才9岁去当志愿者，你能干什么呀？""我会捡垃圾，我会当翻译，我还会安慰人。"我说："你怎么安慰人呀？""我去他们家说他们爱听的话。"我当时一下就被感动了，这是很有同情心的孩子。

　　孩子小小的同情是会感染很多人的，同情心之后就是爱心，爱心是什么？帮助别人，雷锋为什么被大家记住，因为他有爱心，他把别人的困难看成自己的困难。所以小孩一定要有爱心，尽量地帮助别人。当你把帮助别人作为自己的职责的时候，你会获得幸福。我小时候很爱帮助人，经常爱帮助那些学习差的男生。时隔多年，我们现在都60多岁了，有一次小学同学聚会，来了一个同学叫徐尔荣。他小时候可淘了，到处奔跑。有一次把肋骨摔断了好几根，他妈给他穿了个铁背心，我天天送他过马路。他见到我就哭了。他说，卢勤，我是徐尔荣啊，小时候你天天送我过马路。他哭了，我也哭了，时隔50年他还记得，我觉得人生最珍贵的就是友谊了。其实人最能记住的是互相的关爱，你帮助别人之后，你收获的就是你的幸福。

　　孩子上中学以后一定要有公益心，做个志愿者。美国的孩子就做得很好。我写的第一本书叫《写给年轻妈妈》，这本书发行了200多万册。我送给一个美籍华人，他把我的书拿回家，他女儿在上高中，我书中写了很多手拉手的故事，农村的孩子缺书缺报的故事，他女儿看了以后非常感动，于是在同学中组织了一个爱心桥，要给中国的孩子送书和报。他们提个口号，"少喝一杯咖啡，就让中国的一个孩子受一年的教育"。他们有个同学，妈妈是开饭店的，就跟他妈妈要钱。他妈妈说，我支持你们做公益，但是做公益要用自己挣的钱，我不会白给你们钱的，你们可以让人来我们家饭店吃饭，我只要成本，利润归你们去做公益。最后，他们攒了几万美金，来到了中国云南的西双版纳。在那儿，他们惊呆了，那里的孩子光着脚丫去上学，上学要走35公里，学校宿舍环境非常艰苦，可是孩子们学习情绪非常高。他们立刻把自己所有的零花钱都拿出来去给他们买鞋穿。西双版纳的孩子把自己种的芒果和做的项链送给他们。他们很感动，回到美国开了新闻发布会。他们含着眼泪写了一本书，叫《分享》，中英文的，我帮他们写的序，序的名字是《分享把世界点亮》。第二年，他们去了贵州。第三年，去了四川灾区。第三年，这个女孩考大学，被美国的哈佛大学提前录取，因为她获得了美国中学生最高公益奖——总统奖。现在很多大学生暑假都来找知心姐姐，他们要参加公益活动。这就是人的心的发展。

一个人，要身和心同时长，才能真正地长大。有爱心的孩子，能够得到更多人的关爱。2008年汶川地震，充分说明了这一切。地震发生后，我组织了一个"知心姐姐陪你过六一"慰问团，80多人中，年纪最大的70多岁，最小的20岁出头，大家都是自愿去的。我给孩子们喊一个口号：坚强勇敢你真棒，重建家园我能行！我当时很感动的是看到了爱在这里凝聚。有一个德州的女企业家，很小的企业，做服装的，盈利很少。她准备了1000个书包，书包里装满了文具、玩具还有食品。她跟她弟弟两人开了5天的车，从山东开到德阳。给男孩发了蓝色的书包，给女孩发了粉色的书包。一个老奶奶哭着说：给我孙女儿留一个吧，孙女儿已经不在了。当我们把书包给她，她抱着书包哇哇大哭。那个企业家看到孩子拿到书包的情景自己忍不住哭起来。

后来知心姐姐在灾区开展了灾区孩子美丽梦想的活动，3个月收到了3万份作品。2008年10月，我们请了30名孩子来到北京。从他们的作品中我看到他们用爱心代替了伤心，用创新代替了担心，用美好代替了未来，当时有15幅画被国家博物馆收藏。其他的画，都在四川德阳博物馆展览。

让孩子一生幸福快乐，要把爱传给他们，他们懂得，当有能力去为这个国家付出的时候，是多么幸福和快乐。所以，父母要为孩子终身着想，多做善事，多关爱别人，别怕吃亏，别怕吃苦，那么孩子在一个社会中有自己价值的时候，他们自然会感到自己的价值，人生有了价值才有幸福感。

3. 有梦想的人才会幸福

幸福在哪里？第三，幸福在你的梦想之中，有目标的人走得远，有梦想的人飞得高，古今中外一些有成就的人都是有梦想的人。什么样的孩子最容易梦想成真？有一个关键词"11岁"。英国做的调查结果显示，11岁的孩子最容易梦想成真。很多著名的人士，也是在11岁立下了梦想，康多莉扎·赖斯是个黑人女孩子，11岁时跟爸爸去白宫参观被拒之门外，黑人不得入内，她非常生气指着白宫对爸爸说，早晚有一天，我要走进白宫工作，爸爸，我怎么才能走进去？爸爸说，如果你付出跟白人一样的努力，你就远远落在了白人后面，如果你付出白人四倍的努力，你将跟白人并驾齐驱，你要付出八倍的努力才能超越白人。于是赖斯做任何事情都付出八倍的努力，人家学一门技能她学会了八门，唱歌、跳舞、游泳、滑冰、弹钢琴，她样样都会，芭蕾舞在全国获大奖，花样滑冰在全国获大奖，她在丹佛大学获得了博士学位，在斯坦福大学当博士生导师，最后终于走进了白宫，成了美国历史上第一位女性非裔国务卿。一个黑人女孩子，也是一个穷孩子，为什么能梦想成真呢？因为她有梦想，她付出了不懈的努力。所以梦想对所有的孩子都至关重要，我可以肯定地说，对于我们广大的城市的孩子来说不缺吃、不缺穿、不缺钱，什么都不缺，缺的是梦想与目标。爸爸妈妈常说什么都不要你管，考上大学就行了，这是多么渺小的目标啊，一个人从小立大志之后，一生受益。

你可能问我：怎么才能有梦想，梦想和什么有关呢？和三点有关，首先是和成人的暗示有关，成人有意无意地暗示会激发孩子的梦想，也会打击孩子的梦想。有位黑人孩子叫罗杰·罗尔斯，他生在披头士时代，打架斗殴酗酒，不好好读书。一天，在外面疯够了，他从窗外蹿进了教室，闭着眼睛学着僵尸样子蹦蹦蹦，蹦到讲台上，一睁眼，吓一跳，老师站在那呢，可是老师没有批评他，老师看到他伸过来的手惊讶地说，哇你的手好修长啊，将来一定是纽约州州长。他立刻看自己的手，果然与众不同，一般人手掌长手指短，他手指长手掌短，这就是州长的手。一照镜子，脸太脏了就去洗脸。又去照镜子，衣服太脏了，又去洗衣服。以后他走路像州长，说话的姿势像州长，吃饭的姿势都像州长，51岁当了纽约州第一任黑人州长。他在自传里写道，"40年来，州长像一面旗帜在我心中高高飘扬"。他成功的经验告诉我们实现梦想有四个步骤：第一，想象是；第二，假装是；第三，当作是；第四，就是。

所以这就跟我们的暗示有关。有一次我给银行的人讲课，讲完以后那个副行长激动地跟我说，你说得太对了，我是一个农村的孩子，很普通，有一天在地里干活，我们村最有学问的一个人走过来，看我半天说，孩子，你的手好修长啊，将来一定能做大事。他问："怎么做大事啊。""考大学啊。"于是他就努力考上大学了，毕业分到一家银行当小职员，他总想着那人说的话，自己能做大事，后来不久当了副行长。我跟他说你快当行长了，因为你有这个梦想。有的时候一个小小的启示，对孩子很重要，孩子最容易接受这种暗示。

北京有个特级教师，他们班有个成绩很差、特别淘气的男生，每次老师提问他都举手，每次叫他都不会。老师跟他谈话，"你不会干吗举手啊？"他说特想表现自己会，可真的不会。老师说以后不会用右手举手，会的话用左手举手，千万别举错了。老师问他问题，右手举得再高，老师也不叫他，左手一举就叫他，每次他都能答对，同学们对他刮目相看，这就是老师。所以我们要给孩子一个激励，我发现我做了30来年的知心姐姐，就是给孩子激励和鼓励。

第二点就是成功，小小的成功能产生大大的梦想。其实我也很感谢知心姐姐，我从小就有知心姐姐。《中国少年报》是1951年创办的，1960年就有了知心姐姐。我11岁的时候，我看到知心姐姐出现在了报纸上，很多小朋友给知心姐姐写信，我就悄悄地给知心姐姐写了一封信，没想到居然收到了回信，这小小的成功让我产生了大大的梦想，我也想当知心姐姐。

1979年6月，我正式跨入了《中国少年报》的大门，那天我流下了热泪，我没想到一个知青，童年的梦想能实现，想在这儿工作一辈子。那年我30岁，转眼我就工作了30多年，现在已经退休了。我后来真的当了知心姐姐栏目的主持人，当上了《中国少年报》的副总编辑。2000 年，中国少年报社跟中国少年儿童出版社强强联合，组建了中国少年儿童新闻出版总社，我当了总社的副总编，后来当了总编辑。我一生获得了很多的奖项，最引以为傲的是中国新闻工作者最高奖——韬奋新闻奖，全国少年儿童工作最高奖——宋庆龄樟树奖，和中宣部颁发的未成年思想工作先进个人奖。后来又荣获了影响中国妇女百年的品牌女性的称号。

梦想的第三个因素就是眼光，眼光决定未来。有两个字大家都认识，一个是"仙"，一个是"俗"。站在山顶是仙人，站在谷底是俗人，说的就是眼光，人要站得高看得远。所以我们要把孩子放出去，不要老搁在水泥房子里。孩子怎么才能有眼光？第一，读万卷书，书是前人的经验，人要站在巨人的肩膀上才能站得高看得远，所以爱阅读的孩子人生的经历会丰富得多，眼光也会远大得多。第二，走万里路，所谓走万里路就要去体验，你让孩子有气势，去登山，登到山顶，才有一览众山小的气势。你让孩子有胸怀，去海边，海洋最能打开人的心胸。你让孩子有眼光，要去草原，草原一望无际，才能心旷神怡。所以建议你每年夏天带孩子去夏令营，去高山，去大海，去草原。

从小要学会跟外人接触，多接触一些人，练自己的胆量，多看一些事儿，打开自己的眼光，这比任何东西都重要。人生的格局就这样变大的，你把孩子变成翅膀下的小鸡，那将来最大的本事也不过是飞上矮墙和草垛；你把孩子变成雄鹰，他才可能飞上蓝天。我在书中专门写了一句话，替孩子做等于害孩子，我们替孩子做的事太多了，孩子什么都不敢做了。放开手吧，不要怕孩子出事，不让孩子离开家半步，孩子成了啃老族，成了宅男宅女，再着急来不及了，所以多让孩子接触一些人，经历一些苦难，没什么不好。所以当人生的格局变大的时候，孩子才会眼光敏锐，梦想对孩子很重要。光有梦想还不行，还必须付出努力。

4. 在探索中找到幸福

幸福在哪里呢？第四点，幸福在我们的探索之中，孩子要把学习当成幸福的事情，看他是怎么学的，是被动地学，还是主动地学，如果只是回答问题，他可能很少有成就感，如果会提出问题，才会更有积极性。诺贝尔奖获得者李政道先生有句话：求学问，需学问，只求答，非学问。求学问需要学会问，只会回答不叫学问。但大家仔细看看我们今天很多孩子只会回答问题，很少有机会提出问题。

几年前《中国少年报》和中国大百科全书出版社共同搞了个活动，主题是"提出好问题"。本来我觉得孩子提不出什么好问题，后来发现他们提了几千个问题，提得都很好。

北京四中是很棒的中学，我问那里的学生，最大的快乐是什么，他们说是把老师问倒，学生最大的快乐是把老师问倒。有一次他们给数学老师出了难题，第二天老师来上课，眼睛都睁不开了，你们把我害苦了，你们出的题一晚上都没做出来，同学们热烈鼓掌，老师说不用高兴，今早我做出来了，同学感到很沮丧。把老师问倒，让老师找答案是最快乐的事情。

瓦特小时候问奶奶，为什么水一开，壶盖就开始蹦。奶奶说，就是每次开都会蹦，我也不知道为什么，自己研究去吧。瓦特研究来研究去，终于明白，水变成气就有力量了，最后改良了蒸汽机。我儿子小时候也问过我这个问题，我找了中学课本读给他听，他一点兴趣都没有了。我现在可后悔了，如果我当时跟瓦特奶奶一样，我儿子早变成瓦特了。不要把结果告诉别人，让人家没兴趣，但是我今天最担心的是不让孩子提问题。

上次在一个家长报告会上，一个妈妈站起来说："卢老师，我向你提个问题，我儿子小学四年级，有一天老师给同学留了作业，写一篇作文，给杨利伟叔叔写封信。我儿子给杨利伟叔叔提了个问题，儿子问杨利伟叔叔：如果你去了太空没燃料你怎么回来？老师给了不及格，说他没有写怎么向杨利伟叔叔学习。卢老师我儿子提的问题好吗？对吗？"我说你儿子提的问题太棒了，如果杨利伟叔叔知道，一定很高兴。所以当你孩子提出这样的问题，请你爱护他，创新来自创意，创意来自提问，如果你不让孩子提问，国家就不用创新了，只能模仿了。所以我们今天要让孩子能够打开大脑，提出各种问题，对所有的问题认真回答。

5. 把幸福传递给身边人

幸福在哪里？第五点，幸福在我们的理解之中，其实我们家庭幸福不幸福，就在于我们亲人之间是否相互理解。两口子在一起生活，不可能永远一致，因为来自不同的家庭，有不同的经历，口味不一定一致，看法不一定一致，理解就够了。你跟你家的老人在一起生活，也不可能一致，他是那一代人，你是这一代人，你理解他就够了。我们跟孩子要相差二三十年吧，你能理解他吗？你能跟他一致吗？不可能的，有时候他说话你都听不懂，他们的行为你都不理解，所以理解就够了。现在的我们多么需要理解，我们很多的痛苦就来自误解。

有个男孩是个中学生，做了一件永远不能原谅自己的事情，写篇文章给我们，我们登在了《中国中学生报》上，文章的标题是"我的独眼母亲"。

文章中说，我的母亲是个独眼很丑陋，我跟她说，你不要到学校去给我丢人现眼，我妈从来没去过。有一天下雨了，我想我妈千万别给我送伞啊，结果一出校门，看见妈妈站在马路对面，她撑着一把伞，拎着一把伞，嘴里喊着我的名字，同学的眼光"唰"地集中过去，哇，原来你妈是个独眼。我又气又恨哭喊着跑回家，指着我妈鼻子说你还不如给我死了算了，我妈流了眼泪什么都没说。后来我就上学校住宿了，不想回家了，不想看到她那丑陋的眼睛。那天姑姑来到学校，说快回家吧，你家出事了，回家一看家里变成了灵堂，妈妈的遗像挂在了墙上。姑姑拿了一封信说，这是你妈留给你的。信中说，亲爱的儿子，当你看到这封信的时候，妈妈已经不在这个世界上了，你是妈妈的最爱，从你上学那天开始，每天妈妈都跟着你，从来没让你发现过，那天给你送伞，让同学们看到了，妈妈给你丢脸了。但是妈妈不能不告诉你，就在你3岁那年一场车祸夺走了你爸爸年轻的生命，就在这次车祸中你也失去了一个眼球，妈妈不希望你成为一个独眼的儿子，就把我的眼球给了你。儿子跪在他妈妈遗像前大哭，一切都来不及了，妈妈为什么不早一点儿把这一切告诉孩子。我想早一点儿告诉孩子，他肯定会像保护神一样保护他的母亲，绝不许任何人欺负她。没有，什么事都自己扛着，她以为她消失了儿子就幸福了，她错了，她的儿子永远失去了幸福，因为他没有了妈妈。

多少家庭在误解中煎熬，多少孩子带着对父母的不满和误解离开家乡，多少父母期盼着孩子能回来，一直没有见到。所以当我们走在人生的路上，千万别忘了，把理解两个字带在路上，你才能感受到生活的幸福与快乐。

6. 有责任让你收获幸福

最后一点，幸福在哪里，幸福在我们的责任之中，一个责任的时代已经悄悄来到了。过去我们用脚走路，那是农业；后来用手走路，那是工业；后来我们用机器走路，那是技术；再后来人们用电脑走路，那是网络。而今天开始，人们将用心走路，那就是服务，一个服务的时代已经来到了。

今天我们各单位录用人的时候，首先看你是不是尽职尽责。一个大学生去南方打工，一直找不到工作，穷困潦倒，为了维持生命就去捡垃圾。结果有一天，一个老人发现他在捡垃圾时跟别人不一样，别人把有用的拿走，没用的扔在一边，他把有用的拿走，没用的整理得整整齐齐，老人三天之后给他一张纸，上面写了一个地址，说明天这个企业招聘，你可以去试试。年轻人去了吓一跳，来应聘的有上百人，都穿得衣冠楚楚，他穿得比较寒酸，但经过面试之后只有他被录取。原来这个老人是单位的总裁，总裁在全体员工大会上说，不要以为我认识他，我跟他没有任何关系，我只是看他捡垃圾与别人不一样，捡垃圾就这样负责任，工作一定没问题，果然年轻人不久当了中层干部，后来当了总裁助理，最后当了副总裁。这就是人们看人的标准是否尽职尽责。

亚运会开幕式曾经在广岛举行，6 万人，结束后座位上没有一张废纸。我们研究日本的教育，发现日本人从小教育小孩子一句话：这是我的责任。责任感是从小慢慢形成的。

在一个风雪交加的夜晚，一对美国老人走进美国一家旅馆。服务生是个男生，微笑着迎接了他们：实在抱歉，今天客满，按照过去的习惯，会把你们两个老人介绍到附近的旅馆。但是今天外面风雨交加，我不忍心让你们经受风雨。这样吧，我的宿舍挺干净的，今晚我值班，不去休息，如果不介意的话可以到宿舍休息一个晚上。两个老人欣然同意。第二天雨过天晴，阳光灿烂，两位慈祥的老人拿着一叠钱给服务生，是昨晚上的住宿费。年轻人说，我说过这不是客房是我的宿舍，不能收钱，如果你们感到满意我就很高兴了。老人感动地说，你是我们酒店业老板梦寐以求的员工，也许有一天会为你盖一座酒店。

事情就这样过去了，几年之后的一天，年轻人忽然收到一封来自纽约的信，信中夹着一张飞往纽约的机票。年轻人去了，老人把他带到一个繁华的街道旁边，指着一幢辉煌的大楼说，这就是我们给你盖的酒店，你将是这个酒店第一任总经理。年轻人吓了一跳，我什么都没做呀。老人说，我说过，你是一个老板梦寐以求的员工。这个酒店就是美国历史上非常著名的马尔代夫酒店。别人都说他遇到了贵人，他也到处跟别人说遇到了贵人。而老人告诉他，真正的贵人就是你自己。所以你的孩子要成为贵人，从小要把责任记在心中。我们不要老想着帮孩子做什么，你要让孩子去做，要去适应你的孩子，信任你的孩子。

中宣部一个局长被派到南方当市委书记，要去一年多的时间。他最担心他上中学的儿子跟他妈妈对立，他走之前把儿子叫到身边，严肃地说，我要走了，我的妻子身体不太好，就请你多照顾。另外请你关好门，关好窗，关好煤气罐再睡觉，拜托了。儿子听这话很惊讶，点点头什么都没说。一年多他回来了，妻子说你走以后，儿子对我很关心。每天都关好门，关好窗，关好煤气罐才睡觉。爸爸没有把照顾妈妈的责任交给儿子，是把照顾他妻子的责任交给他儿子。孩子忽然找到男人的责任，就长大了。

怎么培养孩子的责任感，送给大家两句话。第一句话，享受你的儿子，对儿子说，有儿子和没儿子就是不一样。儿子是什么人，男人。男人怎么写，一个力量的力顶一个田地的田，顶天立地的男人。男人要有阳刚之气，所以男孩子不能胆小怕事，唯唯诺诺。

我从小培养我儿子的男人意识。因为我们家人都生的女孩，就我儿子一个男孩。我总跟他说，有儿子和没儿子就是不一样。他关心我时，为我倒茶、为我做饭时，我都会说有儿子和没儿子就是不一样，培养儿子的责任心，慢慢他什么都会做了。

你要做高山，孩子做小草，孩子永远是小草。你要做大伞，孩子做小鸡，孩子永远是小鸡。咱换个位置，你做小草，让孩子做高山，孩子能长成高山。你做小鸡，让孩子做大伞，孩子能顶天立地。这是一个培养男孩的方法，对男孩只能放养，不能圈养，只能使用，不能伺候。可是今天我们很多家长不会享受孩子带来的幸福。

有个小男孩跟我说，晚上他在写作业，爸妈在看电视，他想父母多渴呀，倒了两杯茶，他以为父母会高兴呢，没想到俩人同时把脸一沉说，别借着倒茶的工夫出来看电视，知道你是黄鼠狼给鸡拜年，没安好心，去去去，念书去，考 100 分比什么都强。男孩跟我说，再给他们倒茶他就不是人。一杯茶重要，还是 100 分重要啊？我告诉你，一杯茶比 100 分重要。当父母说给我倒一杯茶来，子女说你不会倒啊，你没脚你没手啊？你会说你这个没良心的，你给人家良心了吗？

你没有啊。你要的只有 100 分，你根本没要过良心。

卢勤老师在扬州讲坛开讲

第二句话，养女孩怎么办？心里想着女儿，对女儿说有个女儿真好。女儿需要呵护，需要爱心，需要欣赏，这样小姑娘长大，会懂得爱人爱己。我以前经常出差，没有多少时间陪伴父母，所以到哪儿都要买好吃的给我爸妈吃。我妈逢人就说，有个女儿真好。坐在家里呀，全国各地东西都能吃到。

二、快乐与幸福的秘诀

最后我给大家一个秘诀，知心姐姐的快乐人生三句话。第一句话：太好啦。改变心情就改变了世界，人有两种心态：一种叫太好了，一种叫太糟了。有的人总是觉得太糟了，一遇到什么事儿就要说太糟了，糟透了，烦死了，这种人永远没快乐。有些人遇到任何事都能微笑着说太好了，这种人永远都会快乐。所以给孩子留下金山银山，不如留一个好心态。

怎么样有好心态呢？三条。首先要喜欢自己，对自己说，太好了。世界上最好的化妆品，是太好了的心态。如果你每天都说太好了，你就越长越美，所以人们要享受好日子，首先要有太好了的心态，去看待自己。

其次，用太好了的心态面对别人。男人要学会善待女人，女人要学会善待男人。男人怎么善待女人呢？女人最喜欢什么？微笑和赞美。现在很多男人很奇怪，对别的女人眉开眼笑的，对自己的女人老是笑不起来，满脸的阶级斗争。爱情需要浇灌，如果没有微笑和赞美，爱情这颗种子自己就蔫了。所以奉劝各位先生，等你劳累一天回到家的时候，先别着急敲门，先把面部肌肉放松一下，当妻子孩子来给你开门的时候，你就微笑着说，太好了，我活着回来了。别把垃圾带回家，家不是你的垃圾场，孩子更不是你的出气筒。女人要善待男人，男人最看重自己的事业。一个成功的男人，需要从妻子那儿得到鼓励，一个失败的男人，也需要从妻子那儿得到同情。男人最不爱听的就是抱怨，所以有智慧的女人，永远会对自己的丈夫说，你是最棒的。

最后，也让孩子对困难和挫折说一声太好了。没有困难就没有胜利，没有失败就没有成功，不见风雨就见不到彩虹。2012 年的夏令营，去丹顶鹤的故乡扎龙，我对同学们说，你们即将去的地方是丹顶鹤的故乡，那里天很蓝，云很白，草很绿，丹顶鹤很漂亮，但是那里蚊子小虫很多，咬人很疼，你受不了，你可以不去。如果都要去，给你们提一个要求，从现在开始，我们遇到任何事，只能说太好了，不说太糟了。我也给父母提个要求，等你孩子从夏令营回来，无论什么样，只能说太好了，不许说太糟了。

第二句话叫我能行，改变态度就改变了命运。家庭教育的主题是让孩子喊出我能行。这是人生的底片，是人生的潜意识，最重要的一点，无论他将来是穷还是富，无论将来出名与否，无论将来平凡还是不平凡，只要他相信我能行，走到天涯海角他都行。

第三句话叫我帮你，改变情感就改变了生活。爱是一个口袋，往里装是满足感，往外拿是成就感和幸福感。能让孩子一生幸福快乐，一定要从小学会关爱别人，为别人做一点好事。

还有一个幸福人生九个字：第一，你真棒。改变角度就改变了关系。与人相处多激励别人，多为别人鼓掌，多容纳别人，你的朋友就多，不要总去羡慕嫉妒恨。我们对孩子多鼓励说你真棒，但父母跟孩子说你真棒，一定要表扬在具体的事情上。

第二，我要学。改变内存就改变了未来。电脑被淘汰是内存不够，人被淘汰是学习力不够。未来看的不是学历，是学习力。因为世界在变化，知识在增长，我们每个人的智慧在增长。所以要不停地学习，所以是我要学，不是要我学。

最后三个字，我思考。改变头脑就改变了人生。人生的司机是自己，车往哪儿开自己说了算。人生四大选择：择友，择校，择业，择偶。这些重大的事情孩子自己选择，不要替他选择。

让我感动的是 2011 年，《长大不容易》新书发布会上，我儿子带着老婆和儿子去了，没人请他们，自己要求去的，给我助兴。

敬一丹是嘉宾，最后提问环节，敬一丹提了一个很好的问题：我想问问这本书的主人公之一，卢勤的儿子，你对你妈妈的教育怎么看？在这突然的问话之下，我儿子慢悠悠地说，我妈写这本书的名字叫《长大不容易》，我觉得我长大挺容易的。我为什么说我长大挺容易呢？我妈给了我很多的空间，我做错了事，我妈从来不责备我，撞了南墙我自己会回来的。有一天我把一个女孩带回家跟我妈说，妈，我要跟她结婚。我妈都没问多大了，什么血型的，什么星座的，什么学历的，我妈看了看说，挺漂亮的。同意了。这就是我妈。我感谢我妈妈给了我自己的空间。场上很多年轻记者留下了热泪，我也感动得热泪盈眶。被儿子理解多好，我觉得我们不能抱着孩子长大，我们不能推着孩子长大，我们要陪着孩子长大，和孩子一起长大。

好，谢谢大家了。

钱文忠

　　出身于江南望族无锡钱氏，师承国宝级大师季羡林教授，做学问"从容含玩，沉潜往复"，有着深厚的传统文化国学底蕴。承袭经典，结合当代，钱文忠教授将与您一起探索当代社会的文明与教养问题，为古老文明的发展寻找新的出口。

文明与教养

钱文忠

非常感谢鉴真图书馆和扬州讲坛的邀请，利用这样一个非常美妙的周末下午，来跟大家汇报一下这几年我在思考的问题，和大家共同来思考一下我们现在面临的问题和困境，也和大家共同思考一下我们未来的路和命运究竟会呈现出什么样的走势。

前不久中国发生了一件比较大的事情，这件事是由"钓鱼岛事件"引发的，中国几十个城市出现各种各样反日的游行示威活动，在这个过程中，出现了大规模的严重的打砸、人身伤害事件。西安一位李姓先生，用自己的血汗钱购买了一辆中日合资的轿车，却被人用 U 形锁打到颅骨内陷，我一直在微博上呼吁，一定要把凶手抓获。当然，惨烈的事件不止这一个。在这次表达爱国情绪的时候，我们用的是什么语言？我们看到了"核灭日本狗"这样的标语。还有很多莫名其妙的标语，比如，郑州有一家女子医院，居然打出了这样的标语——"本店爱国反日，谢绝日本女人就诊"。本来是一种爱国主张的表达，体现出来的却是极端暴力和凶残，给我们提出什么警示？

这是我最近一直在思考的事情。

而最近也连续发生了匪夷所思的事，比如在广州的地铁上爆发的一场斗殴。一位60多岁的老人和20多岁的小伙子为了争座位殴打起来，老人把小伙子的耳朵咬掉了，这场斗殴以60多岁老人的胜利而告终。小伙子打不过老人，让我们看到了中国人，尤其是男性体质的衰弱，一代不如一代，这很让人悲哀。但更令人震惊的是，这位老人是广州市红十字会退休干部，红十字会可是慈善机构啊。

我们不禁要问：这个民族怎么了？这个民族什么时候开始变得这么暴力，如此不理性，如此没有同情心，如此敢下狠手？经过我自己的一些思考，我特别愿意向大家做一个汇报。我想，可能是在警告我们要看看这个民族这几十年来甚至更长时间走过来的路。

一、有勇气回头看

当一个民族飞速前进的时候，往前看不难，心无旁骛不难，奔跑也不难，难的是停下来，放慢脚步，有勇气回头看看走过的路，这个是需要勇气的。现在也许是我们这个民族要拿出勇气的时候了。近30年来，我们中国的大陆地区，出现了天翻地覆的变化。

物质财富的增加，超出我们所有人的想象。统计到2007年，中国大陆地区的国内生产总值，是1978年的68倍，进出口贸易总额是106倍。中国现在已经是世界第二大经济体。中国也是日本、西班牙、希腊这些国家最大的债权国。

前段时间，微博上有一个很大的谣言，说中国政府一、三、五、七号金库被盗，每个金库丢了十几吨黄金，一共丢了80吨黄金。后来中国人民银行出来辟谣了，说国库的1080吨黄金，每一吨都在，一两都没少。这个数字看到以后，我当时觉得无比的自豪。人类历史上只有6个政权国拥有超过1000吨的黄金储备，中国就是这第六个。

中国经济快速发展还有一点原因，这30年来，中国没有经历战争。在中华民族五千年历史上，从来就没有过连续三十年不打仗的事情。这30年没打仗，对中国产生重大的影响。

很多时候我们说中国人不排队。几个中国人在一起排队，后面的人好奇前面的人在干什么，一定要挤上去看看，界定的黄线、白线、红线都没有用，中国人不排队的。

但是中国人曾是慢性子，中国的文化特点也是慢节奏，人们没事听听昆曲，芝麻大的事也能评弹一年。扬州全盛时期，一个城市的GDP（国内生产总值）占到全球总量的1/20，但那时候的扬州人也是慢性子，两个扬州人在街上见面，去吃饭还是洗澡，就可以商量半个小时。中国人从什么时候开始这么急了呢？

清末以后，中国人开始变得特别急。连续不断地战争，中国人不停地逃难，中华民族慢慢就有了逃难的基因，逃难的时候谁排队啊，慢慢中国人就不排队了。

我的儿子读初三，我儿子的个子比我高很多。有一天晚上我回到家，我父母和岳父岳母都来了，我以为家里出了什么事情，原来，接到了学校的通知，规定第二天不许用私家车送孩子去上学，让孩子必须挤公交。孩子从小没挤过公交，所以他们都很担心。第二天一大早，我父母和岳父岳母又来了，在家目送着我儿子，像走向战场一样，走向公交车站。晚上，儿子回到家坐在沙发上，喘着粗气，爷爷给递饮料，奶奶给递毛巾，外婆给扇扇子，外公给他按摩。我儿子看着我说："爸爸，今天开始我佩服你了。你说得真对啊，中国人真不排队啊。今天把我要挤死了。"怎么这么挤呢？第二天我也去坐公交车了。我挤完了回来跟我儿子讨论："儿子，爸爸今天挤了一天，爸爸有发言权的啊，这也叫挤呀？爸爸小时候上学，什么时候从车门里边上下车啊？我们都是车窗里边上下车的。"

我们现在连忧患意识都没有，我们好像觉得打仗跟我们没关系，所以这次对日的事件当中，很多人就说，打！打！打！你没有经过战争，你不知道战争对于一个民族意味着什么。不要轻言战争，真要打，那就是要做好必死的准备。物质财富急剧增长，物质生活水平普遍提高，国家安全和社会基本稳定。这几年美国天天在打仗，英国和阿根廷也打，只有中国是最太平的，整个社会是稳定的。

社会逐渐开放和自由。当然自由没有标准，但是中国现在的自由已经非常理想化了，有财富有安全有自由，按照人类所有的历史经验，如果在同一个历史阶段，同时拥有财富、拥有安全、拥有自由，你没有理由不幸福。

但是，你幸福吗？很多人的回答都犹豫了。因为中国出现了人类历史上从来没有出现过的问题，中国取得的成就是人类历史上从来没有过的成就，中国面临的问题也是人类历史上从来没有面临过的问题。越大的成就需要越大的代价。成就越特别，代价越特别，我们千万不要认为天上有掉下来的馅饼。

为了这些发展和成就，我们到底付出了什么代价？贫富差距，城乡差距，东西差距，沿海和内地差距，这些都对。甚至有些差距比我们小时候都大，我们小时候，起码兰州不比上海差。但是如今，有些地方有些差距达到了大家想象不到的地步。

我给大家举一个例子，我和崔永元，我们募集的资金，甚至自己出钱，一起组织一个乡村教师培训的公益活动，培训贫困地区的乡村教师。2011年，我们培训了云南深山区的老师，老师告诉我们，他们的学生会问：上海的小朋友是不是一天吃五顿饭啊？他们认为生活好就是吃的多。大家听听这个差距，像不像一个世界的孩子。还有20多个孩子的问题是：上海的小朋友会不会经常被他们的爸爸妈妈卖掉？这说明在中国的某些地方，那里的母亲以怀孕，再卖掉孩子作为可靠的现金收入来源。贫富差距的问题不解决，那么我跟大家讲，中国的经济发展没有意义。因为这个民族会被撕裂。

有人提到环境污染，环境污染不稀奇，哪个国家走现代的路没有过环境污染。大家现在去看英国的泰晤士河，碧波荡漾。但是马克思的书中提到，泰晤士河里漂浮着垃圾和婴儿的尸体。当时英国工业革命的时候，泰晤士河也被污染过，但是发展起来以后又把它治理好了。

所有的国家和民族为了现代化，都付出过环境的代价，都付出过资源的代价，都付出过能源的代价。请问：有谁付出过传统文化的代价？有谁为了现代化把自己的传统文化抛弃了？有谁为了现代化把孩子的教育作为代价？

二、经济发展，不能牺牲传统文化

先讲孩子，我们的孩子在过这个年龄不该过的生活。我们的孩子想的事情也不是他们这个年龄该想的。小学生在想考哪个高中，初中生就开始想考哪所大学，刚上大学就想毕业去什么单位，刚到工作单位，就要买车买房娶老婆。现在有一句话叫不能让孩子输在起跑线上，这句话根本不符合逻辑。人的成功跟起跑线没有关系，要看终点线。

我们现在以孩子的教育作为代价很可笑。我跟大家讲一件真事，我有个同事，他们夫妻都是教授，非常厉害。有一天他们上小学一年级的孩子放学回家哭了，爸妈问："为什么哭了？""老师把我一道题判错了，奥数题。"大家听好了啊，有一口平底锅，可以同时放两张饼，烙熟一面需要一分钟，请问烙熟三张饼最短需要多少时间？孩子回答四分钟。老师说错了，是三分钟。一家三口在家里做了实验，是四分钟啊，第二天，他们带着孩子就找老师去了，同时把锅和饼都端着，老师淡淡地一笑说："把锅拿来。"三张饼标为 1、2、3 号，先烙 1 号的 A 面和 2 号的 A 面，一分钟之后，把 1 号饼拿下来，再烙一分钟 3 号饼的 A 面和 2 号饼的 B 面，2 号饼熟了，再烙 1 号饼的 B 面和 3 号饼的 B 面，三分钟三张饼都熟了。最后老师还说了一句话，"你们这个孩子各方面都很优秀，但是没有数学的天分"。这让人很无语，烙一张饼多一分钟怎么了？你把孩子这么折腾，也打消了孩子学数学的积极性。

接下来讲文化，为什么说我们把传统文化也丢了？我们不断地发展，同时也不断地批判、抛弃、贬低、践踏自己的传统文化。

而且我们在发展经济的过程当中，不惜把传统文化作为代价，有一句话叫文化搭台，经济唱戏。大家想想这句话，把目标和手段彻底搞混了，你赚钱发展经济的终极目的，是为了文化啊，你是让这一代的人生活得更有文化，文化成就能够给人类的文化宝库做出自己的贡献，经济是手段，文化才是目的。为了发展经济，把传统文化都牺牲了，是要闹笑话的。

有一次闹了一个笑话，我在央视刚刚讲完《玄奘西游记》，回家之后接到一个电话，他说他来自跟玄奘大师关系非常密切的一个历史人物的故乡。我问哪里，他说连云港，我说是谁啊，他说孙悟空。孙悟空怎么是历史人物呢？孙悟空是石头里蹦出来的。原来他们想发展旅游，而编造出来的。这么折腾以后，咱们的传统文化，都已经变成笑话了。你对传统文化的敬畏之心都没有了。

三、文化不等于文明

为什么今天这个题目叫"文明与教养"？我们千万不要认为，文化就是文明，不要认为有文化就有文明，我们更不要认为有教育就有教养。

现在到处都是硕士、博士、博士后，但是你能说他们一定有文明吗？你看看车上不给老年人让座的，不给孕妇让座的，跟老年人打架的，随地吐痰的，不排队的，乱闯红灯的，恐怕很多都是有文化的人。过去很多人没文化，比如星云大师的母亲，老人家到佛光山，大家欢迎她，老人家说了一句话，她说：我没有什么礼物可以送给大家，我就把我的儿子作为礼物送给大家。老人家没有文化，字都不认识，但你说老人家没文明吗？老人家没有受过教育，但你能认为老太太没教养吗？

千万不要以为我们投了很多钱搞文化，我们就文明了。中国的文明程度在降低。教育水平提高了，教养却降低了。幸福感跟什么有关系呢？快乐指数最高的国家是哪儿呢？这个国家大家可能都没听说过，2011 年，总部设在英国伦敦的新经济基金会公布了全球国家快乐指数的排名，位居榜首的竟是南太平洋岛国的瓦努阿图。瓦努阿图2011 年人均 GDP 3036 美元，但幸福感跟 GDP 无关。

幸福感、尊严感和文明教养有关系，跟别的都没关系。你生活的这个社会越文明越有教养，你的幸福指数越高，这个文明包括经济文明、政治文明、法律文明、社会文明等，你生活中周围的人越有教养，你的幸福指数越高。今天的中国，一个文明古国实际上已经不再文明了。一直非常重视教育的民族，已经忘了，教育是为了教养，我们的教育已经没有目标了，我们的教育好像是为了工作，为了高薪，而忘了教育是为了教养。

四、孝道是最后一道底线

中国，传统文化已经被摧毁，我们没有了自己的传统文化，我们一起看看中国文化最后的底线是什么，大概是孝道。中国的孝道是中国文化、文明、教育、教养的最后一道底线，如果这道底线被突破，那就非常可怕了。

孝，子女对父母的孝，对中国来讲，是最后一道底线。子女孝敬父母，那么就有四种组合：儿子孝敬爸，儿子孝敬妈，女儿孝敬爸，女儿孝敬妈。在这四种里，哪一种又是底线呢？儿子孝敬妈是底线。

比如过去讲"守孝三年"，实际上是 27 个月，不是 36 个月，为什么要守孝三年？实际上是母亲的哺乳期的时间，按照中国古代的规矩，母亲要哺育自己的孩子 27 个月，到了第 28 个月，母亲就把孩子抱过来，在乳头上抹上黄连，让孩子再含着母亲的乳头，孩子觉得苦，好，就告诉你，你长大了，妈妈不喂你了，所以不算后面的养育之恩，母亲喂了你 27 个月，你最起码得守孝 27 个月。儿子对母亲的孝是最根本的，比如清朝我在扬州江都当知县，我妈来看我和我爸来看我，是有区别的。我妈坐船到扬州，我应该用我的全套仪仗，鸣锣开道，我穿着官服，在码头上跪迎自己的母亲，把老太太请上轿，我只能在旁边跟着，不得骑马，更不得坐轿，扶着轿杆，然后老太太一路被抬到县衙，开正门，鸣炮，把老太太抬到公堂上，请老太太下轿，我下跪。老太太如果要走了，原样来一套，开正门，鸣炮，叫"硬进硬出"。如果我爸来看我，他的功名没有我高，我可以去接他，但不许用我的仪仗，不许用我的官轿，不许鸣锣开道，你在码头上换上便服，老爷子下来，坐到轿子里抬走，抬到衙门口，不许开正门，边门抬进去，抬到后院。如果老爷子要走，悄悄地抬出去，这个叫"软进软出"。因为什么呢？爹不如儿子，没有做个好榜样。但是母以子贵是天经地义的，所有人包括皇帝都是妈养大的。

钱文忠教授在扬州讲坛开讲

　　前段时间有一个法制报的记者采访我说："钱老师，请你用传统文化的角度对贪官批判一下。"我说："贪官有什么恶劣的事情吗？"他说有，比如他用国家配给他的专车，他经常接他家里的人出去逛街、烧香拜佛，这个是不可以的，是腐败。我说，他接的是谁啊？他接的是他妈。我说，按照传统文化，他是大孝子。如果接的是他爹，就是贪官。这很清楚，这有规矩的，这是很严格的。

　　儿子杀父亲，历史上蛮多的吧，比如父亲当汉奸了，或者父亲对母亲家暴，儿子就大义灭亲，但是，上下五千年中国文明史，没有儿子杀掉母亲的例子，哪怕这个母亲脾气很暴，哪怕这个母亲对儿媳妇非常不好，你敢动你母亲一根手指头，就会凌迟处死，这是孝的核心，这是最后一道堤坝里边的最后一根钢筋，不能碰的。但是现在这一点也守不住了，报道中开始出现"儿子杀母亲""孙子杀祖父母"的案例。

如果我们所有的经济发展，不能转换成这个社会的文明和教养的话，我们所有的经济发展是没有目的，没有合法性，没有正当性的，是不会给人带来幸福感和尊严感的。

大家都享受着飞速的发展，内心充满了不满，充满了一种惶恐，充满了不安全感，谈不上幸福。所有的经济成就你都必须兑换成最终的目的，所有的经济发展都是手段，目的只有一个，让这个国家、这个民族的人民，生活在文明和教养的氛围当中，这样他们注定会幸福，只有他们幸福，所有代价的付出才是值得的，大家都会原谅，大家都会理解。如果你做不到这一点，而反过来把文明、教养、文化、教育作为发展经济的手段，一切为了赚钱的话，那人民离幸福就会越来越远，人民离尊严就会越来越远。

中国已经到了这样一个认知阶段，我想我们应该高声地呼喊出，我们一种新的认知，整个民族，要从对 GDP 对经济的追求，转向对文明和教养的关注。

五、文明和教养是最有力量的

历史上，中华民族最强势的时代是什么时候呢？唐朝。唐朝的GDP 是多少？唐朝的进出口贸易总额多少？唐朝的军费支出多少？唐朝的维稳经费是多少？没人知道吧。那你为什么认为唐朝厉害啊？

因为从现在保留下来的仅有的四座唐代建筑来看，你就知道唐朝建筑无法超越；我们今天背的还是李白、杜甫、白居易、元稹的诗，唐诗不可超越；你去敦煌看壁画，就会知道隋唐的艺术不可超越，这成为一个传奇。而唐朝留给我们的是什么概念？唐朝留给我们的记忆是很文明和有教养，这是中华民族最有文明的光辉、最有教养的光辉的时代，这个时代告诉我们文明和教养是最有力量的。如果把经济比作水泥混凝土的话，文明和教养就是钢筋。你只有用上了文明和教养这两根钢筋，你的混凝土才有力量，才可能越搭越好，否则没有任何意义。

有时候我们去寺庙，来到这里的人都很安静、很虔诚，但他们可能在来的路上刚刚扔过垃圾，刚刚随地吐痰，但来到这里，在这个氛围中，就都很文明，不会给寺庙留一点垃圾。这就是文明和教养的力量。

谢谢大家。

俞敏洪

　　新东方学校创始人，现任新东方教育科技集团董事长兼总裁、全国青联常委、全国政协委员，北京大学企业家俱乐部理事长、中国企业家俱乐部执行理事长等。被媒体评为最具升值潜力的十大企业新星之一，20世纪影响中国的25位企业家之一。

用正确的方式培育孩子成长

俞敏洪

我来扬州比回自己家乡江阴的次数还多，扬州是人文文化和商业文化的完美结合，我对扬州的喜爱是缘于这里流淌着中国文化的情怀。再次登临"扬州讲坛"心里十分忐忑，我是做教育的，研究很多家庭教育方面的问题，新东方也有家庭教育研究中心，教育孩子这件事情太重要了，所以我选择了来讲"用正确的方式培育孩子成长"这个话题。

一、父母读书的习惯很重要

扬州真是一座历史文化名城，很多咖啡馆，很多茶室，可以放一些扬州人文历史的书，当时推动的第一批书，有50万册是我捐献的。

俞敏洪老师在扬州讲坛开讲，现场座无虚席

现在大家通过微信、微博可以收集到很多信息，但是很多人仅仅是了解信息，稍微有点深度的信息都读不下去。父母喜欢读书对孩子很重要。但是，如果只是父亲喜欢读书，母亲不喜欢读书，基本没用。因为孩子在成长过程中，母亲不管多忙，都是主要照顾孩子的，母亲影响孩子更多，母亲的言行、情绪、志向胸怀，都很重要。在新东方的教师当中，母亲喜欢读书的，她的孩子的成长也比较顺利。

一个人最好每年读 20 本以上的书，一个民族的强大与否，和是否读书有关。犹太人每年人均读书 65 本，日本人每年人均读书接近 50 本。在海边，老外在晒太阳时，80% 的人会在一旁放本书。中国每年人均读书只有 4.5 到 5 本，这个数据是根据出版图书数量统计的，也包括了各种教科书。

名牌学校的学生，有相当比例存在心理问题。这些孩子很聪明，但是家长给他们灌输的理念很狭隘，从小就是一定要考进名牌大学。一旦进入名牌大学，人生目标就没有了。孩子本身智商高，在中学拿第一很容易，但到了好的大学就不容易拿了，这时就可能迷茫，或者情感受挫折，很容易出现心理问题。

二、孩子要离开父母展翅去飞

作家龙应台《目送》中有段话："我慢慢地、慢慢地了解到，所谓父女母子一场，只不过意味着，你和他的缘分就是今生今世不断地在目送他的背影渐行渐远。你站在小路的这一端，看着他逐渐消失在小路转弯的地方，而且，他用背影默默地告诉你：不必追。"

培养孩子是让孩子离开我们。有一个北京男孩，单亲家庭，他的母亲对孩子过分依恋，有恋子情结，看到他身边有女孩就很妒忌。孩子原本可以进北大清华，但为了离开母亲而报考了复旦。没想到过了一周，母亲就对儿子说，我已经在复旦旁边买了房。父母和孩子在一起，为了自己心里觉得安全，但不明白，不放飞孩子，孩子会有多大的麻烦。

马丁·路德·金说："一个国家的繁荣，不取决于它的国库之殷实，不取决于它的城堡之坚固，也不取决于它的公共设施之华丽；而在于它的公民的文明素养，即在于人们所受的教育，人们的远见卓识和品格的高下，这才是真正的利害所在，真正的力量所在。"中国在努力，教育方针具体是什么？德智体全面发展，德具体是什么？智和体又是指什么？这些都是需要具体定义的。有了定义，就有了方向感。

扬州讲坛

俞敏洪老师在扬州讲坛开讲

三、对孩子最重要的是什么

对孩子来说，什么最重要？真诚高尚的人格，开朗豁达的个性，勤奋向上的态度，独立勇敢的精神，敢于吃苦的习惯，不怕失败的心理，善于交流的能力，宽容大度的处世，终身依赖的技能。

随着知识更新速度的加快，大学里所学的内容，在大学毕业时有的已经过时了，应该教孩子获取知识的方法论。我和马云很相似，他和我一样学英语。创业也相似，一边当老师一边自己创业。我也好，马云也好，都没有依赖于我们学到的技能，成功与具体业务本身是没有关系的。马云的成功，主要是前面的九条。真正成功的企业家，多数是那样的人。

美国人研究表明，成功有七大要素：坚毅、自控、合群、热情、感恩、乐观、好奇。向着长期的目标，坚持自己的激情，即便经历失败，依然能够坚持不懈地努力下去，这种品质就叫坚毅。

意志力具体体现在对于自身的控制力上，研究表明，有自控能力的孩子未来比较容易取得成功。尽管我们在孩子身上发现天赋，但是把天赋变成才能，是一个不容易的过程，意志力需要家长和孩子一起完成。

我为了锻炼孩子的身体，在家里买了健身器材。我发现他一个人锻炼的时候，练五六下，肌肉微酸就放弃了。但我一看着他，他就能做 20 个，这就是他发挥了自身的意志力。所以家长和孩子配合，孩子的意志力就上升了。

有的孩子天生控制力很好。美国有个实验，把一群 4 岁的孩子集中在教室里，并把棉花糖放在桌上。老师说要出去办事，不会吃掉棉花糖的孩子，老师回来后就会奖励第二个棉花糖。老师走了，通过玻璃窗观察，有的孩子很快就吃了糖，有的孩子看到别的孩子吃，自己也忍不住吃了起来，只有 1/5 的孩子没吃。追踪到这些孩子 40 岁时，凡是当时没吃棉花糖的孩子，几乎都获得了成功。验证了当你遇到人生的诱惑，克服之后未来会有更好的收获。

四、一个好的孩子，要有智商、情商、逆商

孩子要什么就有什么，肯定会缺少控制力。任何要求背后要有条件的，孩子要什么，家长要提出要求兑换。我儿子 11 岁时，要买

iPad，因为同学都有。我说既然同学有，我也可以给你买，但你得先把 20 本书读完。儿子说，那我不要了。过了几天，他说还想要 iPad，我依然保持条件不变。孩子的自我控制能力是可以培养的。

我在美国时，邻居是犹太人，13 岁的孩子要去非洲旅游，向家里要钱。父亲说这个世界到处是钱，你在家扫地，整理屋子，洗碗就会有报酬，孩子就在家里干活挣钱。但钱还不够，父亲说你可以去帮邻居家打理草坪。这就是他们的教育方式。

老师、家长对孩子说话是有心理暗示的。如果孩子考得不好，老师、家长评价的方式不对，会让孩子认为自己笨。如果孩子认定自己笨，那就完了。有一段时间，我孩子的数学不好。我说数学差没事，我数学也差，这是我灌输了错的意念，他会认为这是天生的。后来我改变了方式，拿十道孩子不会的题，教会后让他第二天再重做之前做的题目，两个礼拜之后，他的数学成绩提高了，他觉得自己勤练是可以把数学学好的。

一个好的孩子，要具备智商、情商、逆商。情商是被人信任，善于分享，乐于助人。我们有时候教孩子八面玲珑，教孩子当面一套背后一套，这不是真正的情商。真正的情商是在一群人中，给予别人信任感。逆商就是面对困难、挫折、失败等的抗打击能力和自我鼓励能力。

我不喜欢心灵鸡汤。我们应注重人的内心，人格、性格的建设，培养勇于面对挫折的积极向上的精神，做到心平气和地生活。

五、给孩子留有空间

真爱，不是溺爱；尊敬，不是害怕；规矩，不是打骂；鼓励，不是讽刺。

真爱不是无条件服从，孩子必须尊敬父母。有的孩子长大后，会跟父母发生冲突，那是父母让孩子失去了对父母的尊重。规矩就是养成良好的习惯，教育就是习惯的培养，凡是好的态度和好的方法，都要使它化为习惯，一辈子也用不尽，一个人学会善良，这是很了不起的事。

母亲从小教我，早上起来扫完地才能上学，所以家里就成为村庄里最干净的人家。没有原则的父母会教育出没原则的孩子，并且会失去孩子对他们的尊重。孩子需要原则，原则让他们的成长有了土壤，没原则的孩子会经常碰壁，使他们丧失安全感，从而失去进取心。而原则和规矩必须基于正确的价值观，否则会和大众形成对抗，就会被排斥。在原则和规矩后必须给孩子留下放飞的空间，如同驯鸟，规矩不是把翅膀剪掉，而是把握飞行的方向。

梦想是孩子一生发展的动力，梦想和高分数、名牌大学没有关系。不从孩子的兴趣爱好出发，逼他们去学自己根本不喜欢的东西，这是家长非常不明智的行为。让孩子自己做决定，学他真正热爱的东西，孩子会为自己找到出路。

慧宽法师

　　1970年生，台湾省彰化县人。1990年出家，次年受具足戒。历任佛光山北海男众佛学院教务主任、北海道场监寺、台南讲堂住持、佛光山丛林学院男众学部院长、佛光山信息中心主任、佛光山都监院院长（佛光山总当家）、日本群马佛光山建设筹备委员会主席、财团法人高雄佛教堂董事长、佛光山丛林学院院长。现任佛光山宗委、鉴真图书馆执行长。

教育与教养——谈家庭关系与沟通

慧宽法师

我跟很多家长有过互动，因为我做过很多心理咨询，仅青少年的案例就 200 个以上。

一、教育需要正确的方法

很多孩子在成长的过程中都需要不断地激励和鼓励，不能够过于严苛地要求。我们今天讲教育与教养，我邀请的主要是父母，还有很多年轻朋友，我是希望让父母知道教育的方法其实有很多，只要转一个弯，结果就不一样了，但是如果你要求一定要这样子去做，很多事情就会产生矛盾，产生冲突。我举一个我自己辅导过的例子，那时候我在台湾，在一个道场服务，一个妈妈来到我们的道场说："法师，我要写个牌位。"一般佛教里写牌位，如果是往生的人，就写黄色的牌位；如果是在生的人，你帮他祈福，就写红色的牌位。她在黄色的登记表中登记了姓名，我就拿了一张黄色的给她，等她写完我提醒她没有写称谓，她说："这是我儿子。"哎呀，那个时候我心里就愣了一下，我很抱歉听到这么不幸的消息，我就说孩子跟你的因缘也许就这么短。结果她回答了一句，"他没死"。我好惊讶，没死你不能写这个黄的。她说"没死跟死了是一样的"。我那时候就可以感觉到这个妈妈跟儿子产生了很大的矛盾，我说："这样吧，你把你儿子带到我们这里来，我来跟他聊一聊。"她说："带不来，他不听我的。"我说："这样吧，这个星期六共修结束，你请你先生来载我，我去你家好不好？"那天她先生早早就来接我，我进家门她儿子没有看我一眼，眼睛就一直盯着《康熙来了》。我心里很明白，这个儿子一定不欢迎我。我跟他父母说，"你们先上楼吧，我陪陪他"。我辅导孩子一般不喜欢父母在旁边，因为父母总是干涉很多，有很多意见。这个时候我就陪他看电视，我还很努力地跟他讲话，自言自语地说着节目，他一个小时都没有理我，到了晚上 11 点，他才转过来跟我说："你懂得还蛮多的嘛！"我们终于开启了沟通的第一座桥梁！他开始跟我抱怨他的爸爸妈妈，因为我不认识这个孩子，我也不了解他父母，所以我不能在第一次对话就做心理辅导，我就跟他说："要不下个周末换你来道场找我聊聊天，好吗？"他说："好啊。"你看，他愿意自己来，这就是成功了，这个就是同理心。等他父母下楼以后，我对他们说："你儿子不错啊，刚刚跟我聊了很多事情。"结果他妈妈说："法师，刚刚我们两个在二楼听，他说的全部都是骗你的。"他儿子的脸色瞬间就垮下来，一场美好的对话就被他妈妈给破坏了。这个例子，最后以失败告终了。

二、父母需要自我教育

教育有哪几种呢？一是家庭教育，二是学校教育，三是社会教育。家庭教育中我再提一个概念叫作自我教育，父母要做到自我教育，才能教育好孩子。因为父母是影响我们最深远的人，你的性格和爱好很大一部分跟你的父母很相像。当然后期也有老师的影响，但是真正跟父母在一起的时间是最长的，孩子在学校学习过马路要看红绿灯，要走斑马线，但如果有一天你带孩子过马路，你想直接穿过马路，孩子会说："妈妈，老师说我们不能够这样直接穿越马路，我们要走到斑马线。"然后妈妈就说："那是考试用的，那是老师教的，现在妈妈牵着你的手，不用担心，不用害怕，有妈妈在，跟妈妈数到三，一二三，冲。"就这样冲出去了，可是各位想一想，孩子的心里面会有什么想法，原来学校里面教的是应付考试用的，爸爸妈妈又告诉我一套是生活上用的。

各位看看现在最火的一个人，就是我们山东高密的莫言先生，才从瑞典得诺贝尔奖回来。他讲了非常多的故事，你们应该记得他说过，有一天他妈妈叫他拿着热水瓶去装热水，结果装好了热水走回来的路上，他饿得全身无力，后来就把热水瓶给摔倒了，热水瓶破了，里面的汞也坏了，他不敢回家就躲在草丛里面。躲到妈妈来找他，他妈妈终于找到他，但是一句话都没有责备，默默地把热水瓶整理一下，牵着他的手就回去了。他妈妈叹了一声长长的气，东西坏了是舍不得，但是孩子比较重要。莫言一生当中，印象最深刻的就是他妈妈没有骂他没有打他。

我这几天在读星云大师要出版的一套书，叫作《百年佛缘》。大师写到他的母亲，写到他的外婆，读的时候我在想，星云大师身上的性格跟他的母亲和外婆，是一脉相承的，他说他的外婆非常勇敢，与人为善，他的母亲跟他的外婆都很节俭，星云大师就是这样的，一张卫生纸擦过嘴巴，他会折好放在口袋里，然后等到下一餐再拿出来，所以大师受他家庭的影响非常深。

三、多样化的教育

刚才讲到家庭教育的方法，我想跟各位分享，其实最重要的就是我们自己的身教、言教和环境教育。

1. 身教

我18岁出家，今年出家25年了，我在佛光山的时间比我在俗家的时间还长，所以星云大师就像我的父母。很多人喜欢大师的字，他们请大师写字，然后会赞助捐款，大师在台湾成立了一个公益信托基金，现在在北京也成立了一个文化教育基金会，他希望做更多文化教育的工作，大师今年86岁了，为了募捐，就坚持每天写字，早上写50张，下午写50张，晚上还要写。他就跟我说啊，我眼睛已经快看不到了，如果有一天我眼睛完全都看不到，我就一张字都不能写了，所以我要趁我现在眼睛还能够看得到一点点，我能写一张就算一张。我们很多行为都受大师的影响。很多事情你用命令的，你倒不如自己身体力行地去做。

2. 言教

父母的立场要一致，角色要互补。我举我自己的例子，我成绩不好我爸爸从来没有打过我，但是做了错事，会被处罚。有一次不知道犯了什么错，我爸爸让我到二楼去跪一个小时，跪到 20 分钟脚就很痛了，大概半个小时的时候，我妈妈上楼了，我就觉得好像得到上帝的宠爱一样，妈妈来问我："你知道错了吗？"我说："知道了。""你知道爸爸为什么罚你吗？你一会儿跟爸爸道歉，以后不要再犯了。"我说："好。"妈妈说："那我下楼跟爸爸商量一下，一个小时改到半个小时。"其实他们两个早就商量好了。他们彼此协调好了，教育就起到很好的效果。

3. 环境教育

还有一个就是环境的教育。我想现在的家长都非常重视孩子的教育环境，但是挑老师、挑学校，倒不如你把自己的家里也营造出一个很好的氛围，比如说孩子晚上要写功课，这时候请各位家长尽量不要打牌，父母可以读书或者看报，塑造一个安静的环境。

4. 杜绝溺爱

爱的教育不是溺爱，而是要用正确的方式去教育他。所谓溺爱就是对孩子百依百顺，这是不正确的。

有一个银行的职员问我，他客户的儿子不想写作业，父母就说如果不写作业，明天就不用去上课了，结果他儿子说："妈妈，妈妈，我要上，我要上。"他的妈妈就妥协了，隔天让儿子再去上课了。隔天上完课回来又不写作业，他妈妈说那后天就不要再去上课了，他说:"妈妈,我要上,我要上。"然后隔天又再去上课了。妈妈的教育方法有问题。为什么?因为如果你真要处罚,就要隔天不准他去上课。一味地妥协和溺爱,会让孩子摸准你的心理,就很难管教了。

5. 奖罚分明

纵容和专制都是无用的教育方法。现在的父母很少是专制的,但是可能偏于对孩子的溺爱和纵容,那我鼓励大家正确的教育方法就是,对的要鼓励,错的要指正。对的和错的事情要分开处理。不能因为孩子犯了错事,而忘记他做的很棒的事情。

我跟各位分享一个故事:曾经有一个孩子,他很会写文章,暑假作业老师要求他们看一本课外读物,然后写500字的心得报告,两个月写500字很容易吧,但这个孩子都没有看哦,等到了开学前一天,他很认真地把书的前三页看一看,把后面结语的三页看一看,他就开始写,这孩子很会写,写了500字,两个星期以后老师发暑假作业的时候就说,某某同学,甲下。甲下是我们华人打成绩的分数,英文就叫A-,各位都知道甲下怎么写吧,"甲"字很大,"下"就写在旁边,当他拿到他的稿纸就吓一跳,因为他发现两个字一样大,一个"甲"这么大,一个"下"也很大,老师就跟他讲,某某同学你的文笔很好,你很会写文章,老师要鼓励你继续写文章,所以老师要给你甲,但是你根本就没有看这本书,里面言之无物,完全没有内容,所以老师给你下。这个老师的做法是很正确的,把对的和错的事情分开处理。

鼓励也要恰当,教育心理学最反对家长对孩子笼统性地赞美或批评。要因为他考试进步了一点,哪怕5分,而对他赞美。不能因为他犯了错，就说他将来没有用，将来不成才这样的话，因为这会影响他一辈子的这个想法。

孩子会因为鼓励而变得更聪明，因为激励而变得更有信心。佛光山有1300个法师，有50人拿到博士学位，300多人拿到硕士学位，600多人拿到学士学位。其实我不是要强调学历，而是大师啊，他的一生都在给他的徒弟很多机会，让他们不断地学习。我们常常被激励，当然大师也会批评我们，就是做得不好的地方，做错的事情，大师对的跟错的地方分得很清楚。

其实我也提倡家长多鼓励你的孩子，多激励你的孩子，少责备他，你孩子没有那么笨，但是会越骂越笨。曾经有一天我到无锡去，有个妈妈就跟我说：我的孩子不乖，我孩子都坐不住，我孩子静不下来。我说：好吧，那你把孩子带来。那她的孩子就坐在他妈妈旁边，这时候他妈妈还是继续地说，法师你教教他，怎么样才能把心静得下来。她妈妈一直在说他，所以那孩子就拉着他妈妈，"就不要再讲了，走了走了我不想在这里"。因为没面子嘛。我就问他妈妈说：你孩子有什么专长，你觉得什么事情最能让他坐得住。她说：我孩子比较喜欢画画。我就说：那你就画一张画给慧宽法师好吗？他说：好好。然后就立马跑去拿他的蜡笔，然后坐在我面前开始画。他画了两张，画的时候就非常安静和认真。然后我看他画完以后，我就说：画的这个人是谁啊？他说：法师是你呀。我说：很好很好，你连我的罗汉鞋都画得蛮漂亮的。他就很开心。这时候呢，发生了一个很有趣的笑话。我说：小朋友，你既然画了法师啊，法师是很有爱心的哦，法师是很爱护动物的哦，所以怎么可以画法师在抓鱼呢？他说：法师，我不是画你在抓鱼，我是画你在放生。我那时候整个脸红到不行，我们怎么会预想孩子画我们在抓鱼呢，因为孩子妈妈有接触佛教，孩子就画法师在放生。我继续问他：为什么鱼儿一个比较大，一个比较小？他说：法师当然啦，因为那个鱼已经放走了，比较早啊，所以从你现在的角度看过去，那个鱼就变小啦。其实孩子是很有空间感，很有艺术概念的。所以我就跟他妈妈说：你要尽量让他多画，因为他画画的时候就能安定他的心。你最好再找一个老师，让他继续发挥他画画的能力，找到孩子的优点，然后鼓励他，就会得到很好的结果。

6. 与孩子的沟通

父母要多去了解孩子，常沟通。接下来我要讲的就是尊重孩子的兴趣专长发展，那为什么我要跟各位强调这个，因为我发现内地很多家长找我心理咨询的时候，常常是为了考试，为了让孩子在成绩学业上不断地进步。人的大脑有 8 个区块，有的人在某一个区块有着百分之九十几的潜能，但是有的区块，可能只有百分之十或二十的潜能，每个人都有强项和弱项。爱因斯坦是天才，但是爱因斯坦跟刘翔比跨栏，他也会输。孩子在 10 岁左右的时候，家长应该看出来孩子的兴趣爱好是什么，孩子的爱好专长也可能遗传自父母或者家里的长辈。很多家长给孩子报名不喜欢的兴趣班，为了补足不强之处，结果孩子一点都不喜欢兴趣班，我跟各位家长报告，不强的，不容易补足。

有些孩子文科和理科都不强，那他可能音乐、画画、体育等有一项很强。或者前面几项都不太强，可是他的做人处事，他的情绪管理特别好，他待人很好，自我的观察力很强，自我的自制力很强或自然认知很强，等等。什么叫自然认知？就是他对动物、对植物特别有兴趣。我最近认识了一个台湾的多动症孩子，她其实已经 32 岁了，我们就叫她小美吧，她经常着急下车然后摔倒，或者着急出门穿成不同花色的袜子，或者在高速上开车开一半没油了，让妈妈过来给加满油，但她是台湾一所大学昆虫学系的教授，她自己也出了书。虽然她还是多动症，她还是穿错了袜子，但是人家能写出博士的昆虫论文来。你看看，这就是她最专长的自然认知。

我们注意的第一个问题，不要让孩子去完成父母未完成的梦想。很多的父母，常常会跟孩子讲，你有机会帮妈妈多读点书，台湾有一个孩子，就很有趣地回答妈妈说，"妈妈，有人 80 岁拿到大学文凭，你现在还可以继续去念书，你一点都不老"。他妈妈就突然间也不知道怎么回答他这个问题。

我遇到过一个最悲惨的例子。在台湾有一个爷爷是医生，爸爸也是医生，爸爸希望他的儿子也一定要当医生，这个我们好像叫作医生世家，这样的一个传承。他儿子五次高考都没有考上。他妈妈有一天就带着他来找我，就跟我说，慧宽法师，我儿子，你劝劝他，要努力要加油啊。结果当他妈妈离开了以后，他儿子就跟我说，法师我跟你说一个秘密好吗？你千万别跟我爷爷和爸爸说，其实我从第一次就可以考上医生，我根本就不想当医生，因为我怕血，我怕解剖动物，我不喜欢做这个事情，而且我不想跟病人在一起，我想学语言，我想将来做英文老师，所以我从第一次到现在试卷都是乱写的，我没有一次是认真高考。我说好，那我帮你，我帮你说服你妈妈回去跟你爸爸和你爷爷沟通，不要再考医学院，后来他考上台湾大学最好的外文系，这个孩子后来的表现非常好。

7. 耐心倾听孩子的内心声音

怎样增进亲子的关系呢？第一个就是倾听孩子的想法。像我这种做心理咨询的人啊，有一个要求，就是个性不要急，其实我的个性是属于急的啊，但是呢，如果我给人家辅导的时候我都要耐住性子，告诉自己一定要耐住性子。为什么？比如说你遇到一个得抑郁症的人，得抑郁症的人是没有力气说话的，他愿意到你面前来跟你聊天是不容易的，他对全世界是感觉到没有希望的，他内心是很灰色的，这时候你很可能会说，"说说你最近的情况吧"，请他说的时候，他可能会想了很久，最后终于蹦出一句：唉，算了吧。然后又闭嘴不说了，这时候你不能跟他讲快啊快啊，法师时间很宝贵，赶快说赶快说。这个你太急就不行的，孩子也是一样的，有时候孩子要跟你说话，你让他说的时候慢慢说，不要急，如果孩子跟你说："妈妈……""说什么，赶快说啊，我很忙，怎么能有时间呢？"孩子可能更不爱跟你沟通了。

8. 给孩子留有空间

你要先倾听孩子的想法，其实每个孩子都有他自己的一些想法。比如我之前在连云港服务，有一对爸爸妈妈带着他们的女儿，事先就跟我约好，说要来找我谈谈他女儿的事情，当中午他女儿来到我们的道场吃饭的时候，我就可以知道他女儿应该有多么不甘愿来到这个地方。他爸爸说：这是慧宽法师，打个招呼。然后他女儿就点个头，然后嘴巴可以挂三斤猪肉，一直噘着。好了，等到她爸爸妈妈离开了以后，我在那个客厅里面，我就跟她说，"你应该不喜欢来我这里吧"。这句话让那个高二的女生突然间觉得，这法师怎么这么了解她。她又不敢直接说，她就笑笑说："没有啦没有啦。"我说："有啦有啦，这个没有关系啦，这个你承认没关系，哈哈，我们大家敞开心胸，放开点。"她说："是的，我也不想来。"当她这么一说以后，我说，"那我们十分钟就结束这段谈话好吗？"她说："10分钟，你就愿意放我走了吗？"我说："对啊，我们如果沟通得很顺利，10分钟就可以了。爸爸妈妈找你来你知道是什么事吗？"她说："我知道啊，我喜欢上我们班一个男生，我们谈恋爱了，然后上次的月考退步了，所以他们就阻止我谈恋爱，老师，他们就叫你来阻止我谈恋爱啊。"我说："没有，我希望你谈恋爱，但要定一些游戏规则，如果你同意，我会尽力说服你父母同意你谈恋爱。"哦，她那时候突然间觉得这个法师怎么那么特别。她告诉我，上次月考是因为和父母吵架，所以赌气不看书。我们的规则是：第一，成绩不能退步；第二，恋爱不一定就会婚嫁，所以把他当成一个朋友，比较好的朋友；第三个，既然不论及婚嫁，就不要有性行为，我跟她说你要注意你自己，男生不吃亏，女生最吃亏。我这个人跟年轻人讲话就这么直接。换他父母进来的时候，我第一句话就说，你女儿不错啊，我觉得她可以谈恋爱。他爸爸突然就怒发冲冠："我是要你阻止她谈恋爱的，怎么能搞错方向呢？"我说："你们试一下好吗？既然你们带来给我辅导，你们就试试看。她答应我这次成绩会进步，你就让她努力。"后来她父亲也慢慢地接受下来。结果几个月以后，他就打电话给我，他说："法师，我女儿成绩进步了，比原来还好。"我说："那你有没有阻止她谈恋爱？"他说："没有啊，我就照你的话说。"我说："是啊，很多东西其实你给他一点空间，他自己也会尊重你给他的这个条件，你不给他空间，什么事情都没办法了，没得谈了。"

9. 正确看待青春期

很多时候都不要小看你对孩子的一言一行，其实都会慢慢地影响，尤其是青春期的孩子。说到青春期的孩子，我要跟各位家长提醒，几乎每一个家长来找我第一句话都说：法师我孩子是叛逆期。我只要听到人跟我说叛逆期，我立马就会纠正说请说青春期。到了青春期的孩子，其实他在不断地成长，你要给他更大的空间，所以不要用叛逆的角度来想。常常有妈妈告诉我，我孩子以前放学回家后，都会说妈妈有没有点心，肚子好饿，现在上了初中回家，门一关，都没有打招呼了。妈妈就去敲孩子的门，然后母子二人就会争吵。12 岁以前的孩子很容易把父母当英雄，12 ~ 25 岁的孩子，很容易把父母当敌人，25 岁以上的孩子基本上都会把父母当朋友。在青春期的孩子，其实这个时候他有很多想法，更多家长是因为不懂，所以很多观念就会有一些冲突。你的孩子在慢慢生长的过程，慢慢地也应该有他自己的私密、隐秘的空间。

关于关心孩子的话题，有一次我从镇江讲课回来，在车快要到站的时候，我到下车的门口等着，就有一个家庭，一个小男孩特别调皮。他很可爱，他看到我就说，"妈，和尚，和尚"。然后他妈就一直暗示他不要说，不礼貌。然后我就跟小朋友点个头，那小朋友就觉得我竟然会动，小朋友就开始学出家人念经，他不懂得怎么念，他就呜哦呜哦呜哦，我说："小朋友，你好厉害哦。"你赞美了他以后，他就突然间开始加上合掌的动作，那个场面特别有趣，我就不断地赞美他，小朋友就不断地表现，这时候他妈妈讲了一句话，突然间就泼了一盆冷水，他妈妈说，"我看你这么会念哦，法师也这么赞美你，你等下到站跟他出家好了"。这时候就换我很紧张，我就说，"不不不，

慧宽法师在扬州讲坛开讲

小孩子呢，还是要把书念好。其实刚才我看到的是他的专长，是会表演，是会模仿，你的孩子在表演的天分上是比较强的"。所以很多孩子如果来找我啊，我都可以把这个孩子启发得比较快乐一点。

10. 不作比较，快乐成长

不要比较或者让孩子成为炫耀的工具。我爸爸以前是做生意的，经常要给银行的人送礼，我小时候很喜欢做家事，每次都叫我去送。我那时候才八九岁，按照爸爸教我说的一套词，我每次都完成得很好。每次我回到家，我爸爸妈妈赞美我的时候我都很害怕，因为我哥哥姐姐就站在旁边，他拿我跟哥哥姐姐作比较，常常到二楼以后，我哥哥就会在我的脑后拍一下，姐姐也会在我的屁股上踢一下，所以有时候作比较不见得是好事。有一次我在内地讲课，一个小朋友跑过来对我说，法师，你已经很幸福了。我说为什么，他说你刚才的演讲里面说你爸爸妈妈拿你只跟你的哥哥姐姐比，我是独生子女，我爸爸妈妈拿我跟 43 个同学比。其实我跟各位讲，跟孩子自己比就好了，孩子只要进步，孩子只要成长，只要快乐。

四、家庭教养

1. 品学兼优，不是学品兼优

以我自己为例，我的性格也跟我父母有很大的关系，我父母学历不高，我父亲只是高中毕业，我母亲是高职毕业，但是他们对我从小的家庭教育非常重视教养的部分，我们三个孩子成绩都不是特别好，但是我父母很懂得让他的孩子在做人处世上去学习。我举几个例子，比如我小学第一次考试得第一名，当我拿着奖状回家，很开心地跟我爸爸妈妈说我是儿童节拿到奖状，妈妈通常都很感性，就说"很好很好"，爸爸通常比较理性，我爸爸就说："很好，恭喜你，那你知道品学兼优是什么意思吗？"我说："这个我知道，品就是品德，学就是学问。兼就是两者，品德跟学问两者都要很好叫作品学兼优。"各位你们会想，慧宽法师你很厉害，7 岁就懂得这个成语。我跟各位说我从4 岁就开始背唐诗三百首了，父母在我上幼儿园时就发现我的记忆力比较好，表达能力也比较好，我伯母是一个小学老师，父母就让我每天到伯母家背一段唐诗，我就这样子从 4 岁开始，背了很多的唐诗，所以那个时候再理解品学兼优就没有那么困难。可是我父亲接着问我一句话：他说为什么这句话不叫作学品兼优？我回答不出来，他就跟我说其实学问之上最重要的还是做人处世，还是品德，学问不是代表人生唯一的事情，而且这两者相比品德教育更重要。

小学二年级有一次我回家，外面有一群人在清理下水道，很脏，那时候的下水道不像现在污水跟雨水是分开的，那时候家里做的排污最后都会排到下水道，所以会积一些淤泥，需要把它清走，那时候看到这些人在沟里面，就觉得好脏，所以跑回家第一句话跟我爸爸说那些人臭死了。我爸爸那时候就跟我说，这些人不臭，那是他们的工作，他们的职责，他们回家只要用沐浴奶或香皂洗一洗全身就很香，是你的心在臭，是你的眼睛看出他在臭。那时我才8岁啊，我到现在都不会忘记我父亲跟我讲话的那个表情。其实那时候我不是那么懂，但是就把这句话听下来了，慢慢等我后来接触佛教才知道，果然，很多事情心净国土净。当你的心是正向的，很多东西就有正能量；当你的心是负向的，很多东西都是负面的。

我刚才讲到品学兼优，品德比学问更重要，另外我鼓励让孩子做家事，做力所能及的事，让孩子有参与感，即使是拖地，或是帮忙搬一点东西。第二个呢，就是让孩子学习教养。教养是什么，教养就跟风一样，你们看一个人的气质，你们就会说这个人温文儒雅，就跟风一样，一阵微风吹在你前面，你会觉得好舒服。但是这个人气质不好，讲话很大声，很粗鲁，像一阵暴风吹在你前面，那就很不舒服。所以我希望家长能和孩子一起来学习教养。因为你做得好，你的孩子自然就会有模有样地去学习。

2.品德塑造

第一点，培养孩子的爱心很重要。我曾经遇到一个孩子，初中一年级，非常喜欢欺负同学，我问他，你小时候爸爸妈妈打你吗？他说没有，我说老师有打你吗？他说没有。我说你的同学朋友叔叔伯伯阿姨有欺负你吗？他说没有。都没有遇到过暴力的孩子，怎么到了青春期就有这么暴力的倾向。后来我终于找到了原因，台湾发生"9·12"地震或者"8·8"水灾，他在电视看到死了很多人，他会觉得很可怜，但他爸妈就随口会说地球人太多了，利用这种机会死一点人也好。所以这孩子慢慢领悟到别人的命不重要，只有他们家人最重要。

第二点就是知感恩，要让孩子对你做的事情感恩，第三点懂得尊重，第四点负责任，第五点要勤劳，最后一点学认错。其实学认错这一点最难，我想让家长自己先做起，认错不是丢脸的事情，大师每次给我们开检讨会，批评我们之前，他第一句话都会说，我觉得我没有把你们教好，我觉得我自己应该先自我检讨一下。

最后我送给大家四句话：尊重不纵容，我们尊重孩子，但是不要溺爱，不要纵容；责备不粗鲁，做错了就要处罚他，但千万不要说类似你很笨、你很没用的粗鲁的话；教育共成长，记得，这是我最想说的一句心里话，你们其实都非常非常辛苦，我是出家人，我很庆幸，我没有小孩没有家庭，反而让我就不用承担这些事情，但是呢，我希望大家用正能量，正向的思考去教育孩子，这是一个共同成长的过程；最后一句话，全家更幸福，祝福大家幸福美满，都能够吉祥如意。谢谢。

殷 飞

　　南京师范大学教科院副教授，任南京师大儿童发展与家庭教育研究中心主任，南京师大小学教育研究所教师研训部主任。南京市家庭教育研究会常务理事，江苏省家庭教育研究会理事。自1997年来，一直从事家庭教育的观察、思考和实践工作，跟踪考察并参与了赏识教育的创始、研究和推广工作。先后在全国各级各类地区举行过家庭教育讲座数百场，以深入浅出、风趣幽默、通俗易懂的语言风格得到家长们的推崇。

儿童心理与家庭教育指导

殷　飞

　　我给我的师范生讲课，我总讲一句话，教育的人啊，要有宗教的情怀，要有悲悯之心。我说我们做家长的同样如此，因为我们是孩子的首任教师，也是孩子的终身教师。那么今天呢，我在这儿跟家长探讨的话题是儿童心理与家庭教育指导。现在，孩子的教育是我们所有的家长最关心的话题。因为它关系到我们的未来，关系到我们家庭的发展，关系到我们家庭的兴旺。更大的是，教育孩子还关系到我们国家的发展，所以说，我们不仅是为我们家庭教孩子，我们还在为国家培养下一代。那么我们的孩子到底能发展成什么样？在教育过程中遇到困惑怎么去面对？怎么去解决？

一、摸清儿童心理很重要

　　上午我跟一个妈妈在交流，我说随着科技的发展，我们的手越伸越长，可以伸到浩瀚的宇宙，可以伸到浩渺的海底。但是有一个地方我们是很难触及的，就是我们的内心世界。社会科技越来越进步的时候，我们发现我们好像离幸福越来越遥远！当我们的经济越来越发展的时候，孩子的吃、喝、用等都能满足，但我们似乎发现我们离孩子的心越来越遥远了。我们无法去了解孩子，孩子也觉得父母无法走进他的内心世界。

很多人一辈子与天斗，与地斗，与父母斗，与老师斗，跟领导斗，跟爱人斗，跟孩子斗，斗到最后他从不跟谁斗啊？不跟自己斗！孩子最开始最大的喜悦就是跟父母斗！父母说："我搞不定你，我把你交到学校去，看看老师怎么收拾你？"孩子到学校后又找到新的敌人了，跟老师斗！斗到最后老师说："你，坐最后一排，你只要不讲话、不影响别人就行；你上课可以睡觉但不能打呼噜。"孩子特自豪，你看我终于把老师也斗垮了。然后走上工作岗位他跟领导斗，偷工减料，逃避各种繁重的工作。后来跟爱人斗，有了孩子以后跟孩子斗。斗到最后孤家寡人一个，觉得全世界就他最痛苦。为什么？他虽然赢了自己，却输掉了全世界。所以孩子的心理这么一个庞大的系统，应该怎么培养我们的孩子呢？

心理健康或者心理发展这个庞大的系统里面包括了哪些内容呢？

第一，智力健全。这还不是智商，智商都是没有问题的。要看这个孩子的情绪是否稳定，你看我们很多人都是60岁青春期还没有过完呢！我们家里有老人，家里只要他不吃饭家里人就不敢动，动了他就会发飙，"啪！"桌子一拍，嗷嗷直叫，叫完了以后他又好了。有人说这叫更年期哦，不一定。有很多人这一辈子他都没有解决好自己内心的和谐。虽然到了五六十岁，但是内心也是不安宁的。再来看，自我意识是不是健康？意志品质是不是健全？再来看，个性结构是不是完整？人际关系是不是和谐？社会适应是不是良好？有没有符合特征的心理行为？心理是不是健全？这一个庞大的系统，不可能通过两个小时讲完。那我们讲什么呢？我们讲这个大系统里面最核心的部位。最核心的部位在哪儿？

一个人心理建设的动力是什么？我们说一个人心理的建设来自于自我。我们什么时候开始发现自我的呢？一个孩子，婴儿时期发现可以啃手，从那天开始他发现一个天大的秘密，只要你不拿，他就把手放那儿，啃吮得特别过瘾，啃得那个口水直流。我们要做的不是让他把手拿掉，而是把手洗干净给孩子啃，让孩子开始用自己的口腔，用自己的手探索世界，从他开始发现两个手可以碰到一起，他的两个手就没停过，他在探索他的存在。随着年龄的增长，大概两岁半是第一个逆反期，他开始走路了，开始到处摸了。妈妈说，宝贝，这个水烫，不能碰啊。他"嗯"一声。你只要一走，他马上手就伸过来了，你如果一笑，他手又上去，你如果生气，他就收回来。这个过程在干吗？在探索自己。这时期的孩子讲得最多的两个字是"不"和"我"。人一辈子都在做的事情是修行，修行自己，修行自己如何才能看到别人的优点。向别人学习，见贤思齐。生活过程中，人们最喜欢干的是什么？抱怨！找别人的缺点，找别人的不足。为什么？因为欣赏别人意味着"我"没了，但是如果批评别人，自己就舒服起来了。

所以为什么要修行？为什么要修炼自己？就是让我们把"我"这个本能给控制住，而他的发展首先就是自我的发展。大概从婴儿时期到幼儿阶段，三到六岁，孩子的自我飞速发展，要吞噬掉父母，他不希望被你控制着。聪明的家长这个时候怎么办呢？有个妈妈说的一句话把我笑死了，她说，"我希望我两岁半的儿子向东，我偏偏说，向西。他马上说，不，我要向东"。因为什么？因为孩子这个时候表达的是希望这个世界能够被自己控制和把握。所以你发现他什么都想探索，以此来控制别人。儿童控制这个世界最好的方法是什么？是哭闹！我们家长扛不住孩子哭的，在千百次的斗争中，通常都被孩子打败。婴儿的哭声让人烦躁，却是一种自我保护的本能。哭闹是孩子们最常用的跟成人斗争获取自己不正当利益的手段之一。儿童在自我成长中，"自我"是个双刃剑，你不能不让自我成长，同时你又不能让自我无限地膨胀。无限的自我膨胀就要失控，失控是很可怕的。一切妨碍孩子自我建设的行为都会受到孩子的反抗，第一个逆反期是在两三岁，第二个逆反期就是七八岁。孩子总是喜欢装病来逃避去幼儿园，我们在亲子斗争中，很多家长永远处于下风，从来没有赢过。你都赢不了他你怎么去引导他？很多家长选择打，我建议家长不要随便用打这种方式，打这种方式教育孩子无异于吸毒，打孩子会上瘾的，刚开始可能打一巴掌有效，后来就要加大药量。所以我们的家长在教育孩子的时候，打孩子这个行为一定要小心控制，因为你的原则被破坏，虽然打了，但原则没有了。有一个妈妈带着孩子来我这儿咨询，孩子想吃口香糖，妈妈不给，孩子就要闹了，妈妈怕丢人就想妥协，我坚决不让妈妈妥协，让他闹、让他哭，最后孩子哭到没有力气，而且嘴唇因为缺氧发紫了，让他发现哭闹达不到效果。

这就是我们与孩子打交道过程中孩子的自我发展与孩子自控之间的关系，现在的孩子最大的问题就是以自我为中心，是因为你以他为中心多了，他才会以自我为中心的。《论语》里面就讲，子曰：父母之年，不可不知也。一个小学 500 多名孩子，只有 17% 的孩子知道父母的年龄和生日。现在孩子太不孝顺了，我说千万别这么说，跟孩子没关系，是家长的问题啊。你只给孩子过生日不给自己过生日，你从小没有训练你的孩子让他记住你的生日啊，不是孩子不记住你生日，是你不让他记住啊。

孩子是我们教育的产物，因果不能对调，好多地方推广《弟子规》，我就说首先读《弟子规》的不是孩子，应该是我们成人。我们这些父母和老师必须把《弟子规》烂熟于胸，然后做出一个好的社会公民的榜样，孩子就会跟着学，这就是教育。身教重于言教啊！你如果不希望孩子躺着看电视，那你也要和孩子一起坐着看电视。孩子在反抗的时候他反抗的不是父母，也不是老师，他反抗的是什么？反抗的是孩子对自我的保护，就是孩子怕被别人操控，怕被别人指使。

最厉害的就是青少年阶段，十二三岁，进入青春期早期，心理学叫它暴风骤雨期。这个阶段的孩子，他会有很多的问题呈现出来，而且是我们成人措手不及的。而父母还在用以往的方式教育一个正在成长中的人，我们动员父母要跟着一起学。如果你没有准备好做父母和做老人，我告诉你，都要从头学。你将会给孩子带来天大的灾难，因为你没有准备好。永远是孩子出现了问题你不知道，等孩子的问题无法收拾了你才意识到，其实作为父母和老人，要走到孩子的前面去。父母什么时候开始学呢？孩子在肚子里的时候。多看书，多掌握孕期和孩子的相关知识。如果你什么都不了解，一旦孩子出来了，忙起来，只能顺应着孩子，跟着孩子屁股后面跑。这样子带来的问题是什么呢？是我们每时每刻可能做的都不是引导孩子的状态，而是跟在后面擦屁股的状态，等孩子出问题你再去解决，永远是跟在孩子后面跑，这样的教育永远没有一个先导性，我们变成不是孩子的引导者，而是孩子的问题解决者。

殷飞教授在扬州讲坛开讲

二、家庭教育决定儿童心理

1. 创造环境

犯错误是每个孩子人生必经的过程，犯错误是年轻人的专利，年轻人犯错误很正常！但是必须由年轻人自己承担应有的责任，但现在很多家长为孩子犯的错误来承担责任。小学语文四年级下册有一篇文章叫《水》，语文老师跟我讲，殷老师啊，我现在怎么让孩子感受到一个缺水的感觉呢，他没缺过呀！你怎么让孩子感受到一个饿的感觉呢？他没有饿过呀！你看家长接孩子放学，一见面就递上去牛奶、苹果、饼干，唯恐自己的孩子饿着。现在很多家长撵着孩子喂饭，孩子都不吃，因为他没有尝到不吃饭会饿的后果，他当然不爱吃饭了。所以他不吃饭谁承担责任？家长承担责任啊！所以我们的孩子越来越不听话，越来越不负责任。

有位伟大的教育家叫陶行知，他有一次给学生上课，他抱着个老母鸡来，把老母鸡往桌上一放，再放一把米，把老母鸡的头往米上按，那老母鸡扑腾着翅膀也不吃，陶行知又把老母鸡往地上一扔，把米往地上一洒，不到 10 分钟鸡把米全吃完了。这就是教育，你要给他自然的环境。

2. 制定规则、用爱引导

跟孩子打交道，首先你一定要爱他，在爱的基础之上一定要有规则。任何一个事情都有组织，任何一个环节都必须有规则，这是我们孩子与自我精神的平衡性的表现，影响儿童自身精神的三个因素，第一，生物方面，身体的健康、外形和外貌。孩子的表现你千万要小心，孩子只要上了幼儿园他就开始跟人家比较，跟人家比较以后就会对他心理产生影响。如果你的孩子身强力壮，个子也高，在幼儿园就会受人欢迎，他就会特别有自信，所有的小孩都跟在他屁股后面跑。我们家儿子遗传了我，个子小。我就知道我的孩子在集体中一定会遇到很多的困难。所以我就要有准备，因为我花了 20 年把自己带出来的，把自己的心走出来的，我知道我的孩子将会跟我一样接受这样的痛苦。有一次放学，儿子一出教室就抱着我，"爸爸，呜——他们都说我个子小"。4岁的孩子就有自我了啊！我要给我的孩子在他的心理世界开始埋下个种子，我抱着他说，虽然我们个子小，但是我们画画好！我在4岁孩子的心中埋下的一个种子，是"虽然但是"的种子，而不是"因为所以"的种子。到我这来咨询心理问题的孩子，多数都是身体方面带来的困境。

不要从道德去要求孩子，首先从心理上理解孩子。几年前北京有一个孩子，三道杠，开家长会，觉得自己妈妈不漂亮，花了50块钱在外面请了一个阿姨来开家长会，全国上下都在从道德方面批判孩子，而不是理解孩子。在孩子的发展过程中，父母是孩子的第一张名片，我妈妈是个小学老师，我小时候特别自豪。有人说，我不是大官，也不像你妈妈是老师，我就是个普通人，没关系！你哪怕是卖馄饨的，你也要给我卖出扬州第一品牌的馄饨！最起码你不要偷工减料！你不要坑蒙拐骗！

如果你第一张名片做不好，你的孩子心理世界就没有成就感，没有那种尊崇感，他就不可能长大以后给你另外一张让你自豪的名片。所以各位父母记住，这都是有因果关系的，不需要你成名成家，不需要你大富大贵，就需要你做一个好人，做一个让你的孩子自豪的人！

我在山西吕梁做过一个活动，3000多个人听课，我让妈妈当场讲孩子十个优点，孩子当场讲妈妈十个优点。有一个妈妈带着9岁的孩子坐在第一排，我让她来说，结果她说孩子哪有什么优点。妈妈跟挤牙膏一样，挤呀，挤呀，到最后讲了一条，我家孩子吃饭还是蛮快的。她讲不出来的。

我今天上午特别的高兴，我遇到了一个特别厉害的小学生，六年级的小姑娘，爸爸妈妈把她带到这儿来，我们一起聊天，聊了大概有半小时，这孩子太棒了，她的妈妈是全职妈妈，家里还有一个 3 岁的妹妹。女儿有一句话让我很感动，说："我妈妈不像别的妈妈是模特，她是家庭主妇忙得不得了，爸爸在外面创业做生意做得很好，我妈妈很宽容、很大度、很乐观，我妈妈虽然不是最漂亮的，但是她是最好的妈妈。"就是这么一个孩子，平时没有机缘巧合让我们的孩子去表达他们的内心世界。

下面讲家庭环境，亲子之爱。有没有不爱孩子的家长啊？有一次有一个妈妈就说，我恨他，我恨得咬牙切齿，我怎么生出来这种小孩，但是我又爱他啊，爱恨交加。爱他什么？爱他是无条件的，我是他的妈妈。恨什么？恨铁不成钢。爱得越深，恨得越深。那么这种亲子之爱在我们的家庭环境里一定要让孩子学会表达，经常跟孩子抱一抱，亲一亲。有些家长喜欢板着脸，他怕笑眯眯地看起来没有杀伤力，但是这样很容易打压孩子的自信。所以给孩子的爱一定要表达出来，我今天早上写了一条微博用了一个词叫"show"，我们要 show 什么？要 show 出对孩子的爱，社会不缺少美，缺乏表达；社会不缺少爱，缺少发现爱的眼光。我们要把爱表达出来，让对方知道我深深地爱着你。南京一中有个老师特别优秀，他说我从来不表扬学生，我都批评学生，我学生很多都喜欢我。我说你怎么批评学生的？他讲的时候语重心长：某某，你是我心中最优秀的学生，你也犯这种错误？我说，老师你这样天天批评我好不好？这潜台词明明是你这么优秀怎么犯这种错误啊？要孩子无论你犯天大的错误，也不要怀疑父母对你的爱，我要帮你改正，帮你一起成长，但永远不要怀疑爱。

孩子心理世界最重要的爱，除了亲子之爱，还有夫妻彼此之间相爱。我经常说父母相爱是对孩子最大的爱，我曾给我的学生做过调查，我让 70 多名大学生写下父母相处的一些事，有个学生写得惊心动魄：十岁，小学三年级，那时候父母把家里弄得鸡犬不宁。斗嘴、吵架、闹离婚。他说，"我当时虽然成绩很好，但是我养成一个坏毛病，不知不觉，我就学会了偷东西，我什么都不缺，但是我就是喜欢把东西装到口袋里"。当孩子觉得这个家不安宁的时候，他就开始寻找自我，怎么让自己控制环境呢，他就开始闹。心理学上这叫症状心理行为。什么叫症状心理行为啊？如果你感冒了，喉咙疼，流鼻涕，你知道把感冒治好了，喉咙和鼻子自然就好了，而不是去医院挂五官科看喉咙和鼻子。我们的教育也是这样，我们的孩子，是家庭系统中的鼻子和喉咙，只要我们这个家庭系统出问题，最先表现出症状的是孩子，孩子本身并没有问题。所以，无论夫妻之间的观念和教育孩子的方式有多大的差异，但是永远都要给孩子温暖的家庭环境，要给孩子展现夫妻之间良好的爱。

第三点，社会评价互动，孩子的心理状况会受整个社会干扰，这个社会越来越冷漠，越来越物欲，比方说，有老人倒在地上没有敢去扶，为什么？是真的道德沦丧了吗？不是的，你是在权衡，我能不能扶。所以我们这个大的社会环境对孩子心理世界造成很大的影响，所以父母一定要给孩子培养一个坚强的内心世界。否则我们把孩子放入这样的一个环境对孩子的心理世界影响是巨大的。

联合国教科文组织对 20 世纪 70 年代和 90 年代的美国儿童做的研究，这个研究结果用在中国的当下最有效。70 年代，儿童的精神世界用一个圆圈来比喻的话：家庭、学校、社会，对他影响最大的是学校,50% 受学校的影响，30% 受家庭的影响，20% 受社会的影响。

到了 90 年代就发现，受家庭影响还是 30%，而受学校的影响变成了 20%，社会的影响占到了 50%，也就是说，社会对孩子的各种各样的影响已经越来越深，我们的家庭和学校要联合在一起跟社会对抗，否则社会会把孩子给毁掉。社会主流是好的，但依然存在着很多问题。我们刚才讲到的道德沦丧以及物欲方面的问题，导致孩子现在以自我为中心，不加自控。如果我们的家庭不施加对孩子的影响的话，那么孩子所有的主动性都要被社会接受，这就需要自控性。没有自控的孩子，他的自主性发展也是泛滥的，所以自我建设必须和自控性联系在一起。

殷飞教授在扬州讲坛开讲

扬州讲坛

3. 培养自控力

自控与两个方面的问题有关。第一点，延迟满足的问题。我们的家长不管有钱没钱，只要是孩子需要的都不加节制不加控制，吃喝玩乐都如此。比方说，对孩子影响最大的是电视和电脑，它既让孩子获取更多的信息，也给孩子的大脑造成了损伤，电视对孩子的大脑刺激是不可恢复的。6 岁以前的孩子每天看电视、手机、iPad 加起来不能超过 30 分钟。大家都知道梅兰芳，小时候爸爸把他送去学京剧没有人收的，因为师傅说他的眼睛是死鱼眼，没有神啊。唱京剧的脸上打油彩画脸谱，就靠眼睛传神呢！梅兰芳就买了一群鸽子回来，早晨天亮就把鸽子放出去，然后头不动，眼睛动，专门练眼睛。现在小学老师反映小孩最多的问题就是注意力不集中，粗心大意，动作缓慢，这个都和电子产品有关系。

看多了电子产品会对孩子造成三个方面的伤害。第一，对孩子大脑神经造成伤害，而且这个伤害不可恢复。我们有很多年轻父母带孩子，做饭的时候就发现家里有免费的保姆，只要把电视打开孩子就不闹了，你就可以去做饭了。其实，孩子从两三岁开始就可以和父母一起择菜一起做饭。孩子可以看电子产品，但是要控制，我给我儿子专门买了一个计时器，看 10 分钟，然后弹会儿钢琴，再看 10 分钟，再去看会儿书，所以我们家小孩 5 岁就开始每天晚上回来写计划。

继续说延迟满足。什么叫延迟满足？只要不是影响孩子的健康，通常玩具啊，买东西啊，都可以适当地等一等。男孩都特别喜欢玩汽车模型。我儿子 3 岁的时候，给他买了一个加长林肯模型，白色的，45 块钱，他激动死了。后来在 12 月 5 号的时候他说，爸爸我还想要一个黑色的。我当然不缺这 45 块钱，但我跟儿子讲，我说，对不起啊儿子，你这个没有计划，我们要等到平安夜再给你买一个黑色的。儿子说行，但他没有时间概念，他就专门拿一张纸画日期，在25号旁边画了一个大大的林肯模型，他就从12月5号开始，每过一天，画一个格。其实我早就买好了放在家里，一定要提前买，如果到时候买不到就失信于孩子了。24号晚上儿子问我车在哪里，我告诉他睡吧，睡到明天早晨才有呢。第二天他睁眼一看，哇，好大的一个车！现在的父母、长辈、亲朋好友给孩子买各种玩具，真是害人不浅啊，如果孩子得到的太容易，他就不会珍惜，拿个玩具就砸，拿个玩具就踩，因为得到的太容易了。所以我告诉有的家长不管你的能力有多强，不管你的水平有多高，千千万万要注意，不要让你的子女随随便便地享受，这叫延迟满足。

心理学上有一个特别有名的"软糖实验"。1960年，美国斯坦福大学心理学家瓦特·米伽尔把一些4岁左右的孩子带到一间陈设简陋的房子，然后给他们每人一颗非常好吃的软糖，同时告诉他们：如果马上吃软糖只能吃1颗；如果20分钟后再吃，将奖励1颗软糖，也就是说，总共可以吃到两颗软糖。有些孩子急不可待，马上把软糖吃掉。有些孩子则能耐心等待，暂时不吃软糖。他们为了使自己耐住性子，或闭上眼睛不看软糖，或头枕双臂自言自语……结果，这些孩子终于吃到两颗软糖。实验之后，研究者进行了长达14年的追踪，发现能等待的那些孩子的成功率，远远高于那些不能等待的孩子。这位心理学家的"软糖实验"给我们的家庭教育以很好的启示：在教育孩子的过程中，家长要善于培养孩子的"延迟满足"的能力，即平时我们所说的"耐力"，让孩子学会坚持与等待。

我们的孩子从小都是在家长和老师的监督下学习，智商没有问题，只要你能管就能学好。但是一离开老师和家长就不会学习，也不会自控。我告诉各位家长自控是很重要的，它对人的学业、事业、家庭都大有帮助。

如果你的孩子学琴棋书画，但不要随便让他去考级，不要随便让他去参加比赛，学习琴棋书画是为了慢慢养孩子的灵性。有很多专家说孩子有兴趣才培养，兴趣和天分是两回事，兴趣是激发出来的，只要你方法得当，都能把兴趣激发出来，但是兴趣激发出来能不能成名呢？这要看他有没有天分。培养孩子对琴棋书画都有兴趣，这是要让他有涵养，有修养，让他在学习过程中修身养性，让自己的心能够安宁下来。绘画就是特别好的方式，写毛笔字也特别好。这些做好了以后，将来你的孩子的发展就会无穷地奋进，千万不要涸泽而渔，千万不要拔苗助长。

第二点，要有规则感的建设，没有规则感，就没有生活的自由。我们现在很多孩子生活没有规则，越小的孩子规则感越要强，因为越长大越难建立规则，孩子小时候是建立规则最好的阶段。我和我的孩子建立的规则都是共同商定的，对于躺在床上的婴儿也要建立规则感：睡眠的规则感，饮食的规则感，和他互动的规则感；幼儿的规则感是家庭的规则建立的，最难的是我们的成员不能坚持，比如说孩子早上起床，很多孩子早上起床就跟打仗一样，我家孩子从这个暑假开始每天早上 7 点起床，起床后锻炼身体 20 分钟，坚持了两个月，现在就算下雨他都起床在床上跑五圈，这形成了什么？形成了习惯，习惯要两个月或三个月才能慢慢地形成，而且不能断，如果去爷爷奶奶外公外婆家也要坚持这么做。

孩子的规则感是我们父母赋予的，我跟我儿子最厉害的一次斗争是因为看电视，半个小时看完，他说："爸爸，我还要再看！"我说："不可以，会坏脑子、坏眼睛的！""哼！"他拿着遥控器"啪"砸向我。他看着我，捡起来，把遥控器一拿，往鱼缸里面扔。我呆住了，我还没说他，他就跑了。等这个事情过去以后，我告诉他："遥控器20块钱，从你的零花钱里面扣。""爸爸！"你要知道我们家儿子那些零花钱都是怎么来的，都是靠卖矿泉水瓶子，卖家里面那些废品，我家没有压岁钱的，压岁钱只给五毛。压岁，压岁，你们小孩五毛就压岁了！那家里面亲戚给的呢，我说："那个钱，对不起，跟你没有关系，因为人家给我的，我也要给人家呀！"有时候老师让父母给孩子做家务的钱，我说："不对，做家务是家里所有人该做的工作，没有钱。你只有做额外的事，你自己的事，你才能赚到这一块钱，两块钱。"我家孩子卖矿泉水瓶最多挣三块钱。你要知道两块钱、三块钱地攒，要拿20块钱买遥控器，他心疼啊！这就叫规则。

2012年为地震灾区捐款，很多家长一甩就是一千、五百、两百，"去捐吧"。爱心是好的，但我说："凭什么，你捐还是他捐啊？"我们家孩子从储蓄罐里面拿了三块钱，"老师，这是我的钱啊！"如果他捐家长的钱，就没有把他的恻隐之心给训练出来，所以我们一定要让孩子有切肤之痛。孩子不懂什么叫贫穷，不懂什么叫帮助，带着孩子去做，找需要帮助的人。很多人说，幼儿怎么做慈善，怎么做公益？很简单！家长去做，带着孩子去做。我记得有一年平安夜，我带孩子去布施，做完以后，就看到一个老人，我们把水全给那个老人，那个老人千万遍地说谢谢，好人平安啊。前几天晚上我跟孩子读故事，读到一个词叫"贫穷"。你知道我的孩子说什么？"爸，贫穷是不是我们那一年给人家送东西的那些人？"他说我要长大赚钱，让他们都能吃上饭。这就是一个孩子的内心世界。

不要等待，我们每一个人都在改变这个世界，我们每一个家庭都在改变这个世界，我们培养的这些孩子，他们未来，就是这个社会的主人。这个社会将来会变成什么样，就是我们培养的这些孩子创造的。不会太久，10 年以后的今天，只要我们努力去做，只要尽量保持学习状态，我们的孩子都能给我们创造一个美好的仁义天堂。也祝愿我们的所有家庭幸福，孩子健康，谢谢！

康 震

　　北京师范大学文学院副院长、教授、博士生导师，中国李白研究会常务理事，中国王维研究会理事等，对中国古代都城、地域与文学，中国古代学士制度与文学有着厚实及独到的心得。

天才是怎么炼成的

康　震

这是我第二次来到扬州讲坛作讲座，今天的题目叫作"天才是怎么炼成的"，但是听到这个讲座的名字，有的家长会误解为要讲奥数、少年班，讲我的孩子怎么样才能速成，怎么样才能让我的孩子在短期内来一个冲刺，变成一个天才，那很遗憾。

我们今天的讲座不是关于速成班方面的问题，而是我长期以来，思考的有关天才和天才背后的一些问题。就像有些诗词，大家都非常熟悉，张九龄说，"海上生明月，天涯共此时"，读这样的诗的时候，我就想到慧宽法师，原因很简单，我们作为中华民族的同胞，他在海峡的那边，我们在海峡的这边，"海上生明月，天涯共此时"，这是张九龄留给我们中华人民表达感情的一种方式。

"独在异乡为异客，每逢佳节倍思亲。"王维在 19 岁时写的这首诗，给多少中国人在佳节的时候，思念亲人的一个表达方式。

孟郊说："慈母手中线，游子身上衣。临行密密缝，意恐迟迟归。谁言寸草心，报得三春晖。"在中国人的文学记忆当中，再也没有像这样一首诗如此贴切地形容母爱，和一个儿子对母亲的感情。这些诗词经过1000多年的流变发展，几乎已经沉淀成中国人表达自己情感的最经典的方式。

当你登上泰山的时候，你觉得东方很美，很有气势，所以你想赋诗一首，然而你会脱口而出"会当凌绝顶，一览众山小"。但这不是你的，这是杜甫的作品。

你爱上了一个女孩，或者你爱上了一个男孩，你想表达你对他的感情，你会说"春蚕到死丝方尽，蜡炬成灰泪始干"。用现在的话来说，就是爱你爱到死为止，但这也不是你写的，这是李商隐写的。

所以在中国的古典诗歌，尤其是唐诗面前，你的表达会陷入一种失语的状态。你没有了自己的语言系统，为什么？因为诗人都已经很经典地诠释过。这里面就有一个问题，这些诗人被我们称作有天造之才，仿佛这些诗不是从脑子里流出来的，好像是造化得来的。其实我们知道，世上没有天才这回事，所谓的天才也许相对于地才和人才而言。比如在唐代，李白被称为天才，杜甫被称为地才，王维被称为人才。所谓天才无非是说他比起一般的人，站得高一点，看得远一点，思维更敏捷一点，创造力更旺盛一点。虽然只是一点，没有那么大的差距，却很难达成一个飞跃。

一、天才需要树立自信

如何才能在一段时期里，大规模地涌现出极富创新能力的人？这就是一个很大的问题。我们现在有没有天才，当然有。天才代有人才出，向来是不缺乏的。但是问题是，怎么样才能让我们感觉到，在这个时代当中天才会形成一种规模。像唐代的这些诗人，我们突出的感觉是，他们好像在成批量地出现，以至好像出现了一个群星璀璨的时代，这是让我们感到非常震惊的，至于我们现在呼唤创新精神、创新能力，我们呼唤天才辈出的那个时代，那个理想，好像是非常迫切和需要的。

拿李白来讲，在我们的印象当中，好像有一个月亮，一个人拿了一杯酒在给它献酒，这个人就是李白，但实际上，谁也没有见过他。李白毕竟是1000多年前的人物，我们到底对他了解多少呢？我们只知道他是个天才，但是我们根本不太了解李白是怎么成长起来的。还有一点，李白这个人在唐代，何以成为可能，这就很重要。

李白的作品，大家应该说是比较熟悉的。李白说："天生我材必有用，千金散尽还复来！""兴酣落笔摇五岳，诗成笑傲凌沧海！""仰天大笑出门去，我辈岂是蓬蒿人！"这样的诗句一看就是李白式的。为什么是李白式的呢？如果换成别人，我不相信谁能这样写诗，但是李白为什么会写这样的诗？这样的诗到底有什么东西呢？

他说"天生我材必有用"，我这块材料，在社会上肯定是有用的。何以见得呢？因为千金散尽都能回。你现在敢说"千金散尽还复来"吗？但是李白敢讲，他说第一我有才华；第二，我的才华必然有用；第三点很重要的，我在社会讲这个话，没有人敢笑话我，这里面既包含了对自己的信心，也包含了一种对社会的信心。"千金散尽还复来"，这是要对社会有极大的信心，才能够这样讲。我写诗落笔五岳为之震撼，我写诗凌越沧海，我高兴的时候仰天大笑走出门去，你辈草芥皆不在我的法眼之中。这些诗具有一种目空一切的气派，如果你了解整个唐代的社会，那你就会感觉到李白的这种狂妄和目空一切不是偶然的。

杜甫曾经有首诗写到李白，"李白斗酒诗百篇，长安市上酒家眠。天子呼来不上船，自称臣是酒中仙!"这足可以看出，李白当时在一般人的心目当中，是一个怎样的气魄，可以说吹牛吹到天上去了，我可以比一切都大，是大中之大，现在我们还有这种表达自己的可能吗？

第一，你没有这底气；第二，你有这底气，你没有这胆气；第三，你有这胆气，你没有这勇气；最后，你全都有这气，但这个社会让你受气。

所以，首先你要了解李白，他为什么会有这种气魄？这种气魄为什么得以展现？这是很关键的，他的光辉是能够散发出来的。太阳为什么能够展现他的光辉呢？因为他在太阳系当中无拘无束，自由地散发它的光辉。

二、天才需要积极进取

李白为什么可以这样无拘无束、自由地表达呢？我们以前只是熟悉李白的诗，对李白写的一些东西不太了解。李白在唐代，就是一个普通知识分子，他也要功名也要做官。他一辈子没有参加过科举考试，用我们现在的话说，就是一辈子没有参加过高考。

为什么呢？有人说他看不起考试，我不这样以为。李白的家世是有点问题的，他的祖先是犯过法的，他后来迁徙到了碎叶城，他5

岁的时候随他父亲回到了四川，但是没有去成都，而是去了一个很小的地方叫江油县，隐居在青莲乡。唐代一个知识分子要参加科举考试需要很多的条件，不是你想考就能考的，譬如你是商人出身，就不可以参加科举考试。种种原因，李白不可以参加科举考试，这就给他要做官、要进入仕途带来了极大的挑战。怎么办呢？

他要写很多的自荐信，他要把自己推销出去。他给当时很著名的一位人物韩朝宗写了封信。这个人是荆州长使，这个人很喜欢奖掖后进，提拔后学。李白就给他写了封信说："白闻天下谈士相聚而言曰：生不用封万户侯，但愿一识韩荆州。"我听人家都说啊，万户侯都不要做，只要认识你就够了，其实这是一句废话，认识韩荆州还不就是为了做万户侯嘛，这是转着圈夸人的啊。

"何令人之景慕，一至于此耶？岂不以有周公之风，躬吐握之事，使海内豪俊奔走而归之，一登龙门，则声价十倍。"凡是在您门上绕一圈的身价涨十倍，您太重要了啊。

"所以龙幡凤逸之士，皆欲收名定价于君侯。"大家都想在您这被定价，什么价位呢？人才市场的价位，您品习人物就这么重要，这是夸韩荆州的。

但是接下来说什么呢？"愿君侯不以富贵而骄之，寒贱而忽之。"希望您能公正地看待我，不要因为您富贵，就在我面前摆架子，别因为我贫贱而忽略我的存在。

"则三千宾中有毛遂，使白得脱颖而出，即其人焉。"我就是当年的毛遂，您要是看中我的话，我就能在3000人中（这是个比喻，言其多也）能脱颖而出。

"今天下以君侯为文章之司命，人物之权衡，一经品题，便作佳士。而君侯何惜阶前盈尺之地，不使白扬眉吐气，激昂青云耶？"现在大家都说您是文坛的盟主，经过您评价过的人物都是大人物了，您为什么还要吝惜您脚前的方寸之地，还不赶紧推荐我，让我扬眉吐气、激昂青云呢？

李白的自荐信，这是他的风格，他是主动地自推，不是被动地求人。这种传递方式和表达方式啊，是非常奇特的，他显示了一个时代的朝气，就是求人的时候也是积极地求人，以主人的姿态来强调自己的价值。

康震教授在扬州讲坛开讲

三、天才需要明确目标

李白的理想很大，他这辈子只想做两件事情。第一，做帝王之师，给皇上当老师。第二，要做宰辅之臣，就是国务院总理。为什么在那个时代李白会有这么大的一个志向呢？这个其实很值得研究。

有多大的志向就有多大的胆气、就有多大的声音，所以李白是敢喊的一个人。李白在 41 岁那年，走了无穷的关系，使了无穷的本领，以一个布衣之身、贫贱之士，仅仅是一个诗人的身份，得到了唐玄宗在大明宫的金銮殿召见，这是极不寻常的。凡是在金銮殿得到皇帝召见的人，都说明皇帝跟他有特别的亲近感，那被认为是无上的荣耀啊。

四、天才需要成长环境

李白这个来路不明的人，名不见经传，仅仅是诗写得好，就在金銮殿里见到了唐玄宗，一个是浪漫的诗人，一个是风流且才华横溢的君王。历史上记载"玄宗以七宝床赐之"，让他坐在镶满钻石的宝座上，"御手调羹以饭之"。

谓曰："卿是布衣，名为朕知，非素蓄道义何以及此？"玄宗说你是个老百姓，但我却知道你的名字，如果不是你有两下子，能到这地方来吗？接下来，"置于金銮殿，出入翰林中，问以国政，潜草诏诰，人无知者"。从此让他在金銮殿上班，起草诏书，参谋军政之事，他所参与的事情很多人都不知道，这是重用他了吗？不错！

"丑正同列，害能成谤，格言不入，帝用疏之。公乃浪迹纵酒，以自昏秽。咏歌之际，屡称东山。又与贺知章、崔宗之等自为八仙之游，谓公谪仙人。……天子知其不可留，乃赐金归之。"这是什么意思呢？第一，唐玄宗发现此人只可做诗人不可做官员，他的放荡不羁的个性引起了一些闲言碎语。李白觉得帝王之师做不成，宰辅之臣离得也远了，在这儿做个御用文人实在没意思，所以李白以自昏秽，就和贺知章等人结了诗社、酒社，自号"八仙之游"。我们就是八仙，天天喝酒，实际上是在表达一种不满意。"天子知其不可留，乃赐金归之。"唐玄宗可不是一般的人物，我相信他对李白的这种宽容的态度是我们现在很多领导干部完全做不到的。

大家都看过《武则天》这部电视连续剧吧，在武则天身边有一个很重要的女官叫上官婉儿，她的文章和诗都写得很好。她后来是唐玄宗走向帝王之位巨大的绊脚石，但是上官婉儿死了之后，唐玄宗做了一个出乎意料的决定，他命令编辑《上官昭容文集》，昭容是个女官的名字，实际上是上官婉儿的文体，并且命宰相张越为其作序。她是我的政敌，但是她是一个有才华的人，她的东西，不应该因此被废弃。

在这篇序里面他说了什么呢？说上官婉儿"生有异象，称量天下"。上官婉儿生下来就跟别人不一样，放在秤上一称，体重很重。算卦的说，她将来会做宰相的，她母亲一笑，说："怎么可能呢？这是个姑娘啊。"果不其然，后来，辅佐武则天，可不就是称量天下吗？又说她辅佐武后有功，功绩令后代仰慕，说她品德美好，才华卓著。唐玄宗感慨，"物是人非，感怀婉儿，使之诗文流传"。这篇序写得非常好，饱含感情，充满了一种怜惜的感情。唐玄宗能以这样的态度来对待上官婉儿。

唐玄宗是个天才。首先，他是一个能够把握时代脉搏，能够容纳海内俊逸之才的人。使天下英雄尽入宫中，都能为他服务。既然要为他服务，就要让他们释放全部的能量。在唐代，不是只有李白一个天才，也不是只有李白一个人这么孤傲，李白因为诗写得好，我们才对他很了解。还有很多人并不以诗著名，但是一点不比李白逊色。

有一个人大家不熟悉，他叫杜审言，是杜甫的爷爷。大家熟悉的是很老实、吃了很多苦的杜甫。但他爷爷可不是这个状态，杜审言在武则天时期，是个大诗人，诗写得非常好，他的上司叫苏味道，这个人也很有名气，是当时的一个大文人。苏味道何许人也？河北栾县人，苏东坡修他的苏氏族谱的时候，把苏味道列为第一，能够让苏轼比较感兴趣的祖先，恐怕还是比较挑剔的吧？苏味道就是苏轼认为他们祖籍河北栾县的祖先第一位。苏味道是杜审言的上司，杜审言的工作无非是给苏味道写材料。有一次，苏味道为天官侍郎，"审言集判"，杜审言可能为他整理了材料，写了一篇稿子。出谓人曰："味道必死。"他写完这东西出来就跟别人说苏味道死定了。"人惊问故"，大家问为什么呢？答曰："彼见吾判，且羞死。"他要是看见我写的东西能羞愧死。你给你们领导起草个讲话稿，出来以后给同事说，领导必死。人家说为什么？领导看见我给他写的讲话稿，一边读一遍羞愧，结果死在台上了。那最后死的肯定是你啊，怎么会是领导呢？

这不是小说，这是记录在《新唐书》中，是正史《二十四史》中唐史的正史记载。杜审言生病了，"审言病笃"，病得很重。宋之问等一帮朋友去看望他，"省候何如？"朋友问他怎么样了，恢复得还可以吧？他回答说："甚为造化小儿相苦，尚何言？"别提了，生命这种事，老天爷不让我好好活，这方面免谈了。"然吾在，久压公等"，可是我活着的话，总是让你们倍感压抑。"今且死，固大慰"，现在终于要死了，你们可以松口气了。"但恨不见替人"，只恨没有人能代替我的位置了。这些话对对方刺激太大了，都是来看他的朋友，走的时候肯定是衰鬓衰脸的，然而后人还记录在他的正史里面。你知道《二十四史》的列传部分，能被列在列传部分的人是经过千挑万选的。写到他的时候，何以要把这样的材料列在里面呢？第一，他确实很有个性。第二，恐怕宋之问这批人，跟他也差不多。听了这些话不生气的人，就是他们也做过类似的事情。

大家知道，在唐代考科举比登天还难，五千万人口，录取的进士也不足一万人，所以在中国古代，凡是进士出身，你不要怀疑他的才华，他如果没有做出大的事情来，百分之九十是体制的原因，不是他个人的问题，他们确实是精英分子。

王泠然是山东的一个穷书生，终于考取了进士，还找不到工作，他有个老乡叫高商隐，在御史台工作，那是非常厉害的地方。他给高商隐写了一封自荐信，"仆子穷困，如君之往昔；君之未遇，似仆之今朝"。一开头就说什么呢？说我现在这么穷，就跟你当时一样。"君之未遇，似仆之今朝"，你当年怀才不遇的时候就跟我现在一样。"因斯而言，相去何远。"从这样来讲我们俩没有距离，我们没有差别。"君是御史，仆是词人，虽贵贱之间，与君隔阔；而文章之道，亦谓同声。而不可以富贵骄人，亦不可以礼义见隔。"你虽然是御史，我是个穷人，但是从写文章的角度来讲，我们是完全平等的，你不要以为你当了官了，你在我面前就摆谱。"亦不可以礼义见隔"，也不要因为礼节的问题，就跟我产生隔膜。然后才开始谈我对你的诉求。"意者望御史今年为仆索一妇，明年为留心一官。"我让你给我办两件事，第一，今年，你给我找个老婆；第二，明年，给我找个差事。"幸有余力，何惜些些。"这事对你来讲太容易了。

在唐代找老婆是一件非常重要的事，一个知识分子找的老婆，直接关系到他将来的仕途。比如说杜甫的老婆，杜甫的老婆是洪楼姚氏，就是河南灵宝的姚氏，这是唐代的望族。王维的老婆卢氏，是范阳卢氏，也是唐代的望族。李白没找到这种姓。但是他前后有过两次婚姻，找的全是武则天时期宰相的孙女。这也帮了他大忙了，这些人拥有很丰富的人脉资源。

王泠然让今年给找个老婆，就是给明年找个官奠定了基础。"此仆之宿憾，口中不言；君之此恩，顶上相戴。"这两件事，是我一直以来最大的遗憾。你要是给我做了，嘴上不说，你的恩情我永远记在心间。"傥也贵人多忘"，如果你贵人多忘事，没给我办成或者办砸了，"国士难期"，国士是唐人自称的，国士就是不确定因素的那一群人，不知道将来会怎么样，成龙成凤，我的前途很难预料。"佗仆一朝出其不意，与君并肩台阁，侧眼相视。"等到有一天我厉害了，我和你并肩台阁，我跟你同朝为官，我比你做官做得大了，那时候我对你侧眼相视，我用眼白看你。"公始悔而谢仆，仆安能有色于君乎。"你那个时候很后悔，到时候我怎么能用好脸色给你看呢？他比李白牛多了，事情还没办呢，就把人训了一顿。先要掌握主动权，这个气魄太大了。

创新的能力，创新的人才，不是墨守成规的，包括他的语言系统。我们大部分的人，既不是天才，也不是地才，只是普通的人才，普通的人才你记住，他的生活规则不是以创新为规则的，是技艺，并以法规和制度为规则，有些人甚至离开了规则，就没办法行为，没有办法说话。但是所谓的天才呢，他们为生活创造新的规范，他们延伸生活的规范，并创新它，在这些人看来，任何的违背常规，都不是罪过，而是一种可能的开始。

有个人叫员半千，他连进士都没有考中，他直接给皇上写了封信叫《陈情表》，陈情表这个文体专指臣子和百姓写给最高领导的心里话。他说了什么呢，我节选了一小段。他给皇上提了个大胆的建议说，请陛下召天下才子三五千人，与臣同试诗、策、墨义、表、论，"勒字数定，一人在臣先者，陛下斩臣头，粉臣骨，悬于都市，以谢天下才子"。如果有一个人超过我，你把我脑袋砍下来，把我骨头锉成粉，然后把我头挂在城楼上，向天下人谢罪。"望陛下授臣财，与臣官"，皇上就给我个官做吧，"如用臣除谣之言，必将感激于玉阶之前"，您要是把我收了，我跟您交我的心，但是如果你不采纳我刚才的建议，"必烧诗书，焚笔砚"，我就把书全烧了，"不做幽言"，我躲在深山老林里。

和皇上这么讲话，皇上肯定不高兴啊，但这封信怎么能落到我的手里呢？两种可能，第一，唐高宗觉得写得太好了，抄写了很多份藏在皇家档案馆；第二，员半千觉得自己写得太精彩了，自己抄写了很多份留下来。员半千在唐史里面是有列传的，专门把他列进去了。员半千最后活了90多岁，安度晚年，这应该是个狂人，这种人怎么能够安度晚年呢？我真是百思不得其解。后来武则天给他官做了，大家说是不是武则天神经也有问题，武则天神经没有问题，武则天干过很多出人意料的事情。初唐的时候有一个大诗人，叫骆宾王，他7岁写过一首诗《咏鹅》。武则天称皇帝时，很多李唐宗室起兵反对他，其中有个将军叫徐敬业，起兵反对武则天，招兵买马，这骆宾王就报名了，可是他是个文人，手无缚鸡之力，他就写了一篇讨伐武则天的檄文，檄文中说，"昔充太宗下陈，曾以更衣入侍。洎乎晚节，秽乱春宫"。说武则天原来是唐太宗的老婆，后来你又嫁给了他儿子唐高宗，这是乱伦啊。"入门见嫉，蛾眉不肯让人；掩袖工谗，狐媚偏能惑主。"你妖言惑众，靠着美色迷惑当今圣上。"虺蜴为心，豺狼成性。近狎邪僻，残害忠良。杀姊屠兄，弑君鸩母。"杀母亲，杀皇上，杀姐姐，杀哥哥，全杀光。你就是个大坏蛋。"请看今日之域中，竟是谁家之天下！"现在还是不是唐朝的天下？

这篇文章很有名，后来成了骆宾王文章中最出名的一篇。它实际上是一个战斗的檄文，昭告天下。武则天很快就看到了这篇文章，问曰："谁所为？"或曰："骆宾王。"太后曰："宰相之过也。人有如此才，而使之流落不遇乎。"这么有才华的人，怎么能让他怀才不遇呢？

武则天的角度完全不是个人恩怨。她的视野、境界是非常广阔的。这是一个以国为家的元首，跟她有同样心胸的就是伟大的曹操。

曹操跟袁绍作战。袁绍手底下有个文人叫陈琳，写的文章好极了。袁绍就让陈琳写篇檄文骂曹操，檄文中说，他的祖父曹腾，兴风作浪，虐待百姓，他的父亲曹嵩，勾结权势，篡夺皇位。曹操本身是宦官阉人后代，素无品德。曹操飞扬跋扈，残害贤能。曹军挖坟扒屋，祸国殃民，贪残无道。曹操豺狼野心，包藏祸心，杀害忠正。获得曹操人头者，封五千户侯，赏钱五千万！

曹操看到以后，惊出一身冷汗，这个人太有才能了。这种文章，顶过千军万马。后来袁绍兵败了，袁绍也死了。曹操命人整修袁绍的坟茔，然后把陈琳叫来，身边人说，杀了这个小子，他辱骂主公。曹操说不忙啊，我就问你，你骂我一个人就可以了，何必骂我祖宗三代。陈琳说，箭在弦上不能不发啊。曹操说，你说得太好了。以后接着做同样的工作。曹操去祭拜他的敌手，也是他的少年伙伴袁绍的坟陵。他在袁绍的坟前讲了一些话，说他们原来同舟共济，同甘共苦，后来虽然分道扬镳，但是都是英雄惜英雄啊。他让陈琳在袁绍的坟前，朗读这篇讨伐他的檄文。曹操一边听一边放声痛哭。

所以在三国当中，曹操是个真正的英雄。他既有征伐之气、决断的决心，同时，他还有包容宇宙的胸怀，他还有真性情。他不因为军事和政治，损害这种真性情。所以他既能作战，也能笼络人才，又能为政，亦能文学。这真是今古不能有二的大人才、大天才。

像这些人物，唐玄宗也罢，武则天也罢，曹操也罢，都是胸怀天下，以天下为公器，所以历史是最好的借鉴。在他们这些人的统领之下，人才、天才、地才辈出。每个人都可以讲出心里的话，都可以尝试做自己想做的事。

讲到唐朝的人才、天才是怎么炼成的，不能不提到唐太宗。唐太宗是一等一的大人才、大英雄，当然他手段有点毒辣，杀死了自己的两个兄弟，赶走了自己的父亲，自己做了皇帝。

关于太宗皇帝，和他名字联系最紧的就是魏徵了。魏徵是他的大哥李建成的手下，他跟魏徵本来是政敌的关系，李建成被他杀了以后，他就指责魏徵，你怎么搞的，离间我们兄弟的关系，给我大哥出坏主意，弄得我们兄弟反目。魏徵说，他就是因为不听我的话，才有现在的下场。唐太宗 14 岁随父起兵，18 岁做统帅，24 岁为秦王，30岁登大宝之位，身经百战，无所畏惧。唐太宗本人长得非常英武，因为连年征战，所以看上去既潇洒，也很威严。所以他上朝的时候，大臣们都很畏惧。所以他每次登朝的时候，跟别人交谈，都努力地做出和颜悦色的表情。有一次异邦的首领献给他一只幼鹰，他在那玩得很开心，突然远远地魏徵走过来，他赶紧把它藏在袖子里，也不知道魏徵是无意的还是有意的，就跟他聊些朝政上的事情，一下聊了两个多时辰，等魏徵走了之后，鹰都憋死了。唐太宗怕什么呢？为什么见了魏徵之后他要把幼鹰藏起来呢？当然是害怕魏徵说他玩物丧志。这是一种对魏徵的尊重，魏徵是个原则性极强的人，为什么要在这个人面前背拗他的原则，来做出玩物丧志的行为呢？这种理念非常伟大，唐太宗被后代君王甚至我们现代近代以来的领导者所推崇，就是这个原因。

在唐太宗看来，他身上发生的任何事情无小事，所以他才能够成就千古圣君的这个名誉啊。你以为他只是每天征伐打仗吗？只是决断国家大事吗？他不仅仅是这样。所以我们讲啊，在唐代，正是有一系列这样的杰出的领导者，才能够营造起、领导起一个天才的时代，也才能够有天才的群体。

接下来讲白居易。白居易是唐代的大诗人，他的《长恨歌》大家都是很熟悉的。"汉皇重色思倾国，御宇多年求不得。"汉皇指的是唐玄宗。意思是唐玄宗很好色，寻找美女很多年，御宇多年求不得。"杨家有女初长成，养在深闺人未识。"这是撒谎啊，我们都知道这个事情，她早就嫁了，嫁的就是你儿子，后来就把她抢去了，做了自己的夫人，做了自己的贵妃。"回眸一笑百媚生，六宫粉黛无颜色。"她一笑，别人都没颜色了，太美了。"春寒赐浴华清池，温泉水滑洗凝脂。侍儿扶起娇无力，始是新承恩泽时。"杨贵妃在洗澡，"承欢侍宴无闲暇，春从春游夜专夜"，唐太宗天天跟她泡在一起，一个春天接一个春天，一个夜晚接一个夜晚，"云鬓花颜金步摇，芙蓉帐暖度春宵。春宵苦短日高起，从此君王不早朝。""后宫佳丽三千人，三千宠爱在一身"都是唐玄宗对她的专宠。

这首诗很快传遍大江南北，白居易后来记载了一个故事，说有一个官员叫高霞寓，他要买歌妓，歌妓是指有才艺的女子，他挑选了一个歌妓，但是价钱没谈拢，原因是这个歌妓会背《长恨歌》，所以价钱高啊，这说明《长恨歌》在当时，市民阶层，广为传诵。白居易到外地出差，碰见一家人正在吃饭，旁边雇了歌妓在唱歌，他从旁边经过，那些歌妓一边唱歌一边指着他说，就是这个人写了《长恨歌》。可见他当时的名气非常大。

白居易写《长恨歌》的时候 31 岁，当时在周至县做县令，3 年以后，唐宪宗下诏，诏令他进宫，授他做翰林学士，也就是皇帝贴身的政治顾问。白居易进了皇宫做了翰林学士之后，很快写了新乐府50 首。他觉得自己是个文学家，应该用文学的方式给皇帝写政治调研报告。一个 34 岁的人，因为文学的才华，被唐宪宗破格提拔成为翰林学士，这是很罕见的。

白居易去世时，当时的皇帝唐宣宗特别写了一首诗悼念，他说："童子解吟长恨曲，胡儿能唱琵琶篇。"您太伟大了，你写的《长恨歌》，小孩都会背，你写的《琵琶行》，外国人都会读。这是给予他很高的评价。所以能看得出来，从文学的角度来讲，白居易写这样的诗，不仅没有得到执政者的为难，反而因此获得才华上的认同。

南宋有一个著名的学者，叫洪迈。他写了一部书叫《容斋随笔》。《容斋随笔》据说是毛泽东临去世前看的最后一本书，这《容斋随笔》

就是个杂记，里面都是有感而发的东西。洪迈在《容斋随笔》特别提到《长恨歌》，说"唐人则可，吾辈人则不敢写"。

所以凡事不做比较，是不会得出很鲜明的结论的。不仅是太宗、玄宗这样唐代的盛世，就是到了宪宗时期，到了已经经过了安史之乱这样的巨大打击之后的唐朝，它的领袖者依然拥有很宽阔的胸怀。

五、天才的形成需要社会的认同

天才要真正成为天才，需要获得社会的认同，需要市场的衡量。大家都知道李白有一首诗，"李白乘舟将欲行，忽闻岸上踏歌声。桃花潭水深千尺，不及汪伦送我情"。当然很多教材上都说，汪伦只是桃花村的一个农民，李白写这首诗给他，可见李白跟老百姓关系是很密切的，是关心民众。其实这话呢，很不准确，因为汪伦实在算不上一个普通的农民，地主也是农民啊。

清代有一位学者叫袁枚，他有一部书，叫《随园诗话》，在《随园诗话》续篇里头，他记载了一则故事，汪伦邀请李白来桃花潭村，说此地有十里桃花，万家酒店。李白来了以后发现，那个渡口叫十里桃花，万家酒店是那个店主姓万，这当然无所谓了。反正能把他诓来也不错，但是，有没有想过一个问题：能诓李白的会是一个农民吗？

李白的很多诗啊，都不能当真的。极言其大，极言其深，他是个浪漫的诗人。不过浪漫的诗人也有标价，临走的时候，汪伦赠名马八匹，官锦十端，而亲送之。所以说"千金散尽还复来"，是有道理的。

扬州讲坛

这个时代，还是肯为天才买单的。在唐代，书画作品，作为一种流通物，远远没有宋代流通得频繁。在宋代，商业经济很发达，已经出现交子纸币，而唐代的时候，还没有这么成熟发达的书画市场。

白居易有个朋友叫元稹，"曾经沧海难为水，除却巫山不是云"就是元稹写的，元稹跟他是特别好的朋友，元稹59岁时去世了，去世以后，他的家人就找来白居易写墓志铭，白居易写好以后给他的家人，元稹家人要给钱，这是有行市的，白居易不肯接受。经过反复的商议，就是给他一些财物。白居易是非常聪明的人，他没有花这些财物，他捐给了当时他在河南洛阳的龙门的香山寺。这说明在当时一个文人、一个诗人，身价是很高的，这说明在当时，知识是很被重视的，说明天才，是被社会极大地认同的。

我们再来看，唐代290年的时间，经历了数十位皇帝。在它到了100多年的时候，经历了长达8年的安史之乱，这对它是沉重的打击，唐代可能是中国历史上唯一的这样的一个王朝，就是它经历了漫长的内乱，却没有因此而分崩离析，而是继续延续了100多年的帝国的生命。

在将近300年的时间里，是什么东西在维系它的强大的生命呢？这个非常值得我们思考。唐代在中国人的历史记忆当中，是一个很奇特的存在。我们在政府工作报告中，经常听到这样的话，要实现中华民族的伟大复兴。所以你自然地会想到一些事情，你会想中华民族的伟大复兴，它不叫伟大振兴，是因为原来我们曾经振兴过。只是近代以来我们落后了。

那么是什么朝代能让我们觉得又复兴了呢？想来想去，外国人都叫我们唐人，在外国也有个唐人街，乐队也有唐朝乐队，作的曲子还叫《梦回唐朝》。但是又在想，到底唐朝好在哪？说它强大，但是北宋的 GDP，是唐朝的两倍还要多。但是即便如此，我们很少有人愿意去向往宋朝，都喜欢唐朝。

是因为我们觉得唐朝很快活，很自由，很灿烂。就好像吃苹果，你愿意吃有点红有点青咬起来很脆的苹果超过全熟很软的苹果。唐朝不是完全成熟的成年人，但它是健壮的青年人。我们喜欢这个劲头，虽然有的时候日子过得比宋朝人穷一点，但是他很快活。为什么呢？因为他思想不禁锢。

我在想，一个王朝，一些知识分子很落魄，在追求他的目标过程中，他做了一件错事，甚至做了一些错事，说了一些错话，但是也是在这个过程当中，因为他的出格的言行，却恰恰表现了他的杰出的才华。在当时，一代一代的圣君，有卓远眼光的皇帝们，容忍了这一些人，从而成就了他们天才的名声，也成就了中国文化当中，璀璨的一段。所以我也在想，这个中华民族的伟大复兴啊，真的是挺重要的。我们有强大的 GDP，我们也需要有强大的文化的 GDP。

在唐朝的时候，人们说它是一个大国，因为真的从小人到大人，都有大国的风范。我们现在是有了像大国一样的 GDP，但有没有像大国一样的风范呢，恐怕还很难讲。

我们跨越千年在讲唐朝的天才们的故事，无非是想象我们自己会有怎样的 GDP。我们自己的国家，我们的民众，会有怎样的形象来面对以后的历史。我想重塑大国形象，重塑大国胸怀，重塑一个大国的气象，这对我们来讲是异乎寻常的重要，它不仅让我们骄傲自豪，更重要的是让我们学会如何宽容地面对一切，平静地面对一切。

我想如果我们能够一步步朝这个方向跃进，在不久的将来，我们还会涌现出更多的李白，更多的白居易，在他们中间，也会涌现出更多的杰出的领导者。

非常感谢大家，谢谢。

洪 兰

台湾"中央大学"认知神经科学研究所教授兼所长，台湾
阳明大学神经科学研究所教授，台湾认知神经科学学会首任理
事长。多年来致力于脑科学的研究，以及相关知识在教育的应
用和推广，并致力于科普书籍翻译，目前认为阅读是教育的根
基，故致力于推广阅读习惯。

大脑与学习

洪　兰

各位好，今天很荣幸能和各位看大脑与学习的关系。

一、孩子的成长不要揠苗助长

各位知道，孩子出生的时候是个近视眼，但随着生长发育，一岁半左右，他的眼睛就正常了。

孩子刚出生的时候，他所接触的物品我们可以消毒，可是等到他会爬的时候，我们经常看不住，他把脏东西放到嘴里，孩子往嘴里放东西，是因为他要靠他的舌头感知世界。但为什么孩子不泻肚子呢？如果是大人把脏东西放在嘴里，肯定会拉肚子。因为那个时候他在流口水，口水外流，脏东西也随着流掉了，他就不会生病。

所以我跟各位讲，教养孩子，我们不要心急。成长是需要时间的，你要顺其自然。我举个例子说明为什么大自然设定好的事情你不能去更改它。在印度有个孩子，天生没有耳道，后来就带到台湾来，我们从她的大腿内侧取一块皮肤，做成了人工耳道。我们自己的皮肤有很细的绒毛，会把你的耳垢推出来，但是人工耳道就不会。

各位知道，孩子在刚开始写字的时候，偏旁会颠倒，这种现象无论在哪个国家都会有，那是因为我们先有的大脑，而汉字的出现也就五六千年的时间。大脑原先没有这部分功能，接触文字有时就会处理错误，但是大脑有很多的可塑性，慢慢熟悉了文字就会改过来了。所以，孩子写字偏旁颠倒没有关系，不要很紧张，如果三年级以后还是不会，那就要找医生了。

未成年以前，如果你犯了错，国家的法律会给你酌量减刑，但是成年以后，你要为你的行为负责了。因为大脑发育成熟了，你不能够推赖了。幼儿园的小朋友，常常会一边打人一边说对不起，因为大脑还没有成熟，你惹他生气了，他想打你，但是老师已经告诉他打人是不对的，当两个力量一样强的时候，他就一边打人一边说对不起了。

有一句话叫不能输在起跑线上，我认为是不对的。我们的大脑一直在不停地改变，不停地学习新的东西，没有三岁定终生的说法，如果你相信这句话，那怎么解释爱迪生、爱因斯坦、王阳明这些大器晚成的人呢？人生是一场马拉松，我们要孩子走到终点，整个过程需要耐力和毅力，而不是百米冲刺，开始跑得很快有什么用呢？

大脑控制着人体的各个部分。比如五根手指，由大脑的不同区域控制着，如果把中指截掉了，过几个月，控制中指的区域就会被食指和无名指瓜分。大脑是用进废退，你不用，别人马上拿来用的。有很多人天生或者后天没有手，但是他可以用脚，用脚穿针、用脚戴隐形眼镜等，这就是控制手的大脑被脚占用了。

大脑是可以改变的，有一个国外电影明星，拿过金像奖。她在39岁的时候严重中风，左脑整个都黑掉了，左边的视觉皮质也坏掉了，她的右眼戴着眼罩，嘴巴也不能说话，右边的身体瘫痪。医生告诉她，这么严重的中风，这辈子不可能再上舞台演戏了。可是对于演员来讲，演戏是她的生命啊，她主动提出复健，经过四年的复健以后，她现在可以上舞台去演《欲望街车》了。我们好惊讶，把她请来做检查，经过核磁共振发现，右脑已经占用了左脑的功能。人的右手是被左脑控制的，她的左脑都黑了，可她的右手会动，就是这个原因。这是一个很重要的发现，我们知道大脑是一直不停地改变的，尤其是小孩子的大脑病变了，没有关系，大脑通过改变，功能会逐渐恢复的。

1988年我在加州大学尔湾医学院神经科时，有一个妈妈带了一个两岁的男孩来我们的医学中心要求诊断。他的眼睛不看着你，不跟你说话，也读不懂别人脸上的表情。三个测验之后，就知道这孩子是重度自闭，这辈子不可能再叫你妈妈了。那个妈妈很难过，一路哭回家，回到家她把眼泪一擦，我一定要教孩子叫妈妈，她就把工作辞掉，自己来带这个孩子，每天训练孩子。五岁的一天，她儿子冲出来，叫了第一声妈妈，从那以后孩子就会说话了。我们也好惊讶，课本告诉你重度自闭不会说话，但是这个最后会说话了。我们就去请教她怎么做到的，我们好去帮助别的孩子，她说我也不知道，她说我只知道一件事，我教我的孩子是一万遍两万遍。她硬是把孩子的神经活络给改过来了，所以大脑真的是可以改变的。

二、运动和睡眠有助于学习

所以我们得到一个很重要的教育上的观念，没有不可教的孩子。我们看到每个孩子都有不同的点，你从他能够接受的点切入，所以我们做老师的要有耐心，找出孩子有兴趣的那个点切入就没问题了。那我们今天讲大脑跟学习，什么有助于学习呢？两件事，运动和睡眠。运动对于学习非常重要，运动的时候可以产生多巴胺、血清激素、肾上腺素等，这跟你的情绪有关，跟你的记忆力有关，跟你的注意力有关。现在很多学校把孩子的体育课借给老师上英文课、上数学课，这是不对的，运动过后，他的学习效果会提高两倍，所以运动对于学习很有帮助。曾经做过老鼠的实验，有运动的老鼠，它的记忆海马比其他老鼠大 15%。

另外一个有助于学习的是睡眠，我们有一个错误的观念，认为睡觉时大脑在休息，错，其实是身体在休息，大脑在工作，工作得比平常更辛苦。睡觉时，大脑会分泌血清张素、去甲肾上腺素和生长激素，所以想要你的孩子长得高，就要让他睡得饱。做梦非常重要，去芜存菁，温故而知新。我们一个晚上做四到五次梦，你一定有做梦，你自己不知道而已。以色列做过一个实验，让士兵学习 40 个字，然后分为三组，第一组不许睡觉，第二组可以睡觉，第三组可以睡觉但不许做梦，用仪器检测，只要做梦就叫醒他，天亮以后，让这些士兵把 40 个字默写出来，结果发现可以睡觉但不许做梦的这一组最差。如果你的孩子累了就让他去睡觉，睡醒之后的学习状态会更好。

三、阅读有助于大脑发育

　　人的生命有限，我们不可能用有限的生命去学无限的东西，那我们就要阅读，通过阅读吸收别人的经验，所以你才能用有限的生命学无限的东西。阅读很重要，你的背景知识决定你所看到的东西。因为我们都懂中国字，中国字的招牌马上就能看到，可是外国人看了很久也看不出来。那你去泰国，我们觉得那个文字一团糟像线条一样乱写，去阿拉伯，去欧洲，很多字我们都认不出来。

　　阅读的另外一个重要性在哪里呢？它是人创造力的根本。19世纪的财富在土地；20世纪的财富在劳力；21世纪的财富在脑力，在我们的创造力。实验证明创造力的根本在阅读。为什么呢？阅读的时候神经走得最深，所以阅读提供了创造力的基础，它使神经连在一起。创造力是一个超强的联想力，所以你的孩子阅读越多，想象力越好，他的创造力就越好，越容易触类旁通，举一反三。

　　我们会有这样的经历，遇到某个人，但忘记了对方的名字。又不好意思问对方，只能假装认得他，然后一边聊一边在想这个人是谁啊，到最后也没有想起来，但是之后的有一天你突然想起了他的名字，为什么会这样子呢？是因为所有的神经回路都在帮忙想他是谁，神经活络的活化是需要时间的，你的神经回路一直在帮你想。

　　男生和女生的大脑也不一样，女生会更多地把她的情绪用语言的方式表达出来，所以女生会喋喋不休，男生每天讲七千字，而女生要讲两万字，这些事情都跟大脑有关系的。说话是本能，阅读是习惯，男生和女生的大脑是不一样的，把男生和女生引进阅读的门，要用不同的策略，把一个孩子放在正常的环境里面，你教他说话，他就会说话，但是如果没人教他阅读，他就是文盲。把孩子领进阅读的门，开始的时候要非常小心，实验证明，男生和女生喜欢阅读的书是不一样的，女生比较喜欢阅读故事类，而男生就不喜欢。我儿子小的时候，我买《格林童话》给他看，我念到一半，他跑掉了。我把他抓回来，他说妈妈那都是假的，没有公主王子这回事。男生不要听假的事情，我要动手做，做飞机、做炸弹。所以这个差异是在大脑里存在的。

我们的大脑 1.4 千克左右，约占体重的 2%，却用了我们身体 20% 左右的能源。大人的观念会影响孩子的前途，你的孩子不用在你的肚子里学英文，因为空气和水的传音是不同的，胎教最重要的是母亲的心情，母亲的好心情对孩子的大脑是有利的，安心地做个好妈妈。

大人的观念会影响我们的行为，影响我们看事情的方式，我们先讲个故事，有个人怀疑他家邻居偷锄头，然后看他邻居的每个行为都像小偷，后来锄头找到了，他看自己的邻居也不像小偷了。所以大人如果戴着有色眼镜看你的孩子，这是非常糟糕的。

养孩子是门艺术，不是一门科学，科学有重复性，艺术没有，艺术每天都不一样，教育每个孩子的方式都不一样。孩子做错事，你惩罚他，他会接受的，如果他不接受，就是你冤枉了他。有一次，我教我儿子使用洗衣机，衣服放进去洗了，秘书打电话说今天学校要开临时教务会议，我要赶回去，那天台湾的天气很热，衣服洗好了如果不晒就会臭掉，我就对儿子说："儿子你乖啊，帮我把衣服晒上去。"他说："好，没问题。"然后，我5点钟下班回家，衣服果然被晒上去了，好高兴，我就去收衣服，但是有的衣服干了，有些衣服还是湿的，怎么可能呢？同一个太阳晒出来的，怎么会不一样呢？他说："妈妈，晒衣服是个很无聊的事情，我就晒一件到里面去玩一会儿电玩，又出来晒一件，再去玩一会儿电玩，干的是早上晒的，湿的是下午晒的。"我一开始很生气，晒衣服晒了一天，但是你知道，如果我骂了他，从此以后他不替你做事，从他的观点看，他没有错，他完成了晒衣服的任务。所以，这个时候我就跟他讲道理了，我说：太阳有紫外线，可以消毒，经过太阳晒的衣服就会香香的，没干的衣服放在外面，晚上会有昆虫出来，它会在你的衣服上留下虫卵，下次你穿的衣服就会有虫卵，这本来就是事实，我只是说得夸大一点。小时候，我帮他念报纸，加州大学有个教授去亚马孙河做实验，被虫子咬了一口，本来被虫子咬没什么，但是伤口越肿越大，最后去看医生发现，原来虫子在他伤口处排了虫卵。我给他讲虫子会排卵，他马上想起来亚马孙河这件事情，从此我们家的衣服都是早早就晒出去了。

有人说，我的孩子脾气不好，孩子发脾气主要是他的意识跟你的意识是不一样的。比如小孩学走路，跌跌撞撞，千辛万苦学会走路了，但是家长怕孩子摔倒，又把孩子关起来了，孩子就会非常不解，这就是大人的意识和孩子的意识不一样的地方。有时候要蹲下来，站在孩子的角度去看事情，就会发现孩子为什么这样做了。有时候不要用你三四十岁的世故去看待几岁小孩的天真。

当你的手抬起来要打他的时候，你要去想想，他在你肚子里时是个天使，为什么生出来变成恶魔，这是谁的责任？是我们大人的责任，你不要打他，你要去反省，你要树立好的榜样给他看。管教孩子时，夫妻两个人一定要"一致对外"，不能够有不同的观点，也不能在孩子面前说"不要听你妈的"之类的话。我的同事告诉我，她的先

扬州讲坛

生只要看球赛，晚上就要买蚕豆，一边看，一边吃，先生回家拿了一包蚕豆，孩子马上跑上前去说："爸爸，我要吃蚕豆。"她就从厨房里冲出来说："不要吃了，马上开饭了。"如果她的婆婆在，婆婆会说："去吃，没有关系，我比你妈妈大。"爸爸也会说："偷偷吃，不要给你妈看到。"这就糟糕了。

四、父母的身教胜于言教

三个月的孩子和两岁的孩子大脑作对比，两岁的孩子有很多的神经的连接，为什么呢？因为后天的经验多了。我们的聪明才智是先天跟后天的交替作用。先天的神经连接是基因设定的；后天的神经连接，是经验决定的。如果是一只小猪，它先天是不会游水的，但是把它和鸭子放在一起长大，你会发现，小猪也会游水了。模仿是最原始的学习，所以不要在你的孩子面前抽烟喝酒。

我们在西雅图的华盛顿大学做过一个实验，出生40分钟的婴儿，如果你对他吐舌头、做鬼脸，他也会学着你吐舌头、做鬼脸，这就是模仿。如果你的孩子讲脏话，先不要罚你的孩子，想一想自己在孩子面前是否讲过脏话。有一次我搭我学生的便车，他的太太抱着两岁的儿子坐在后面，突然一个急刹车，我们全部往前倾，这时后面传来一声非常清楚的脏话。我马上可以想到他的父亲平常开车也是这样骂的，我确信这个学生不会教他儿子讲脏话，但是你平常讲，孩子听到了，就会模仿。家里是最早的学习场所，父母是最初的老师。

洪兰教授在扬州讲坛开讲

五、父母对孩子的态度决定他的未来

为什么说对孩子要多鼓励少责骂，因为每一句负面的话，需要四句正面的表扬，才能抵消它的影响。但是调查发现，家庭中父母常常十句责备的话，才有一句表扬的话。学校里老师七句责备的话，才有一句表扬的话。难怪每个小孩子在成长的过程里面都觉得自己是一个失败者。我们大人不断地灌输这个讯息到他脑海中，这是我们大人要检讨的。很多孩子不敢犯错。为什么呢？一犯错就会挨打。有时候不敢承认错误，而导致更坏的结果。台湾曾经发生一件事情，四个小孩在河边玩，有一个小孩被另外一个小孩拉到了水里，这个孩子因为不会游泳被淹死了。其余三个孩子回家以后怕挨骂，谁都没有承认这个事情，父母找了6天，这三个孩子才讲出事实。

人一定会犯错的，我们家长一定要改变这个观念，要允许我们的孩子犯错。有一天，我的同事打电话给我，语气非常不好。她说人性本恶，她的儿子才两岁半就会说谎了。原来他的儿子打碎了碗，很害怕，把碗捡起来丢到垃圾桶，然后去厕所拿几张卫生纸盖在上面消灭证据。等她去包垃圾时被扎了手，才发现碗被打破了。把儿子叫过来，儿子还不承认。两岁半的孩子怎么知道碗打破了要挨打呢，那就表示以前被打过，只要不是故意打破的，就不要责备他。当我们允许孩子犯错的时候，我们的孩子对别人也会很宽容。

大人一句称赞的话，可以改变孩子一生。美国有一位体操运动员，他是1984年洛杉矶奥运会男子体操金牌的得主。他小时候，个子矮小，功课不好，班上就没有人注意他。他喜欢一个女生，这个女生连正眼都不看他。他就靠要宝引起女孩的注意，要宝的孩子是很可怜的。有一天他在家里倒过来走路，他的背很直，他爸爸很惊讶，就随口称赞了一句，一个从来没有听过爸爸称赞的人，他好高兴，就开始练习用两个手走路。有一天，他看见那个女孩子来了，他就立刻倒过来用两个手走路，想要吸引那个女生的注意，但是离教室很远，他只好硬着头皮走下去。他的行为被他的体育老师看到了，觉得这个孩子很有能耐，就带他去体操队训练的地方，果然他替美国拿到了第一块男子体操金牌。

1. 善于发现孩子的长处

把孩子放对位置，让他的能力能够发展出来就是天才。我上个月去北京演讲，在飞机上旁边坐了一个太太，穿的衣服非常文雅。我看了半天以后就问她，这衣服真好看，你哪里买的。她说我儿子帮我设计的，她的儿子是吴继刚，替美国第一夫人米歇尔·奥巴马设计衣服的。她说她的儿子很小就喜欢玩洋娃娃，你知道一般来讲男孩子玩洋娃娃绝对被家里人嘲笑的，可是这个妈妈看到孩子的兴趣，就带着他去温哥华，然后培养孩子的兴趣，他果然成了一名优秀的设计师。

让孩子用长处跟他人竞争，而且你要让孩子有团队的精神，我们要用自己的长处跟别人的长处搭配起来，共同完成一件事。另外很重要的一点，不要把孩子跟人家比，这是我们大人根深蒂固的一个坏习惯。孩子的基因不同，后天的环境也不同，比起来非常不公平，哪怕是双胞胎，也有可能能力和性格不同。孩子只能跟自己比，今天比昨天有进步，就要奖励他。

中国的家长喜欢用"打骂骗"的方式对待孩子，这是后患无穷的，你骗过他一次，他再也不会相信你。假如你没有骗过你的孩子，今天你讲什么话他会相信，就像我的孩子今年 30 岁了，我没有骗过他，我跟他讲什么他都会听，因为妈妈从来没有骗过他，诚信这个事情很重要，你要得到孩子的诚信。

2. 多表扬你的孩子

大人观念的改变，是孩子成功的起点，你要经常用欣赏的眼光去看你的孩子，看到他的长处，用正面的态度看到解决的方式，这个是非常重要的。如果你在美国，你遇到一个人，你称赞她的衣服很漂亮，她说谢谢你，我很高兴，你的品位就跟我一样。你看这句话回答得多好，我称赞了你，我也称赞了我自己。但是如果是中国人会这样讲：哪里，哪里，地摊买的，300 块钱买的，后面有个洞你没看到。

我们就是不善于接受别人的称赞，对孩子也是一样，如果在国外，他的孩子被表扬了，他会说：谢谢你，我很高兴，他就跟我一样。这孩子一听就会特别高兴，爸爸说我跟他一样聪明。但是中国人呢，"哪里，哪里，没看到昨天他考50分被老师打的样子"，中国人不习惯孩子被称赞，你这样回答，孩子的头就会越来越低，在他心里会觉得原来自己在妈妈心中是如此不堪。我有很多的朋友，都已经是博士了，但是从来没有从父母亲的嘴里听过一句称赞的话。如果你考100分，妈妈不会觉得是孩子做得好，而是说太阳从西边出来了。

还有一点很重要，孩子要参加义工，通过服务别人懂得生命的意义，他帮助别人，他就会很快乐。我当年毕业之后去医院实习，有很多抑郁症患者，他们的钱多到不知道怎么花，那他们为什么会抑郁呢？在我们眼里他们都是成功的人，但是，他们不接受自己的成功，不接受自己得到的东西，他们就不会快乐。这就是你的心态，你的心态决定你的命运。

3. 接受孩子的一切

另外，我要再讲一件很重要的事情：孩子是你生的，你要接受你的孩子。举个例子，王贞治，日本著名职业棒球选手，他是个左撇子，但是当时的日本很保守，他的妈妈不接受左撇子，把他的左手绑在楼梯上，让他一定要用右手吃饭、右手写字，后来他就练成用右手做一切。他第一次参加球赛时，他用右手挥棒，教练立马暂停，觉得他做得不好，那王贞治马上就承认说：我是左撇子，但是我妈妈不接受，所以我今天所有事情都只能用右手做。教练告诉他，一定要用你最擅长的手，最擅长的脑去做事，你强迫自己用右手，你不会赢的。

后来他用左手投得非常好，在棒球方面取得很好的成绩。

第二点，孩子说话的早晚，跟基因有关系，如果你的孩子到三岁还不会说话，先不要很急，先去看一看你们家有没有人说话比较慢的，这个有基因上的关系。

第三点，孩子大脑开窍的早晚，也有基因上的关系。有的孩子到高二大脑才开窍，孩子开窍以后，可以从全校的 250 名，进步到第 10 名，利用高三一年学习时间考到清华去。很多人习惯说，"我这么聪明，怎么生出你这个笨蛋"。聪明是生不出笨蛋的，你今天成功了，当然觉得自己很优秀，但是回头想想自己上学时，有没有被老师骂过、罚站过。青出于蓝而胜于蓝，所以我们常常讲，你要给孩子留出超越你的空间，不要每天说，"听我的就没错，我吃的盐比你吃的米多，我过的桥比你走的路多"，他听你的，跟你走一样的路，永远没有办法超越你。

六、注重态度和品德的培养

1969 年我去美国，那个时候台湾还很穷，我父亲给我买的单程飞机票，我心里非常恐惧，万一我读不下去，我就要流落他乡了。我爸告诉我，一个身体两只手，只养一张嘴巴，你只要肯做，没有活不下去的。同时告诉我，挫折是本分，如果遇到挫折的时候就去睡觉，如果你做得很顺利，你要感恩，感恩的人，人家才愿意帮助你，感恩的人不容易得忧郁症。后来，我在美国学习生活 22 年，真的碰到过很多事情，我爸讲的那些话就对我非常有帮助。

所以我们一定要告诉孩子，路是人走出来的，你的态度很重要，品德也很重要，工作再好，品德不好，这个人也是无用的。有一次我去参加一个工厂的开幕典礼，有一位 90 岁的老先生是我们工业界的前辈，他跟我们说了五个字：一、是敬业的敬，也是尊敬的敬，要尊敬你的朋友，三人行必有我师，从别人身上学到你没有的东西。二、是干净的净，如果你不干净，就有把柄在人家手里，天下最痛苦的事情是被人家勒索。勒索是个无底洞，所以要做干净的人。三、是安静的静，宁静致远才会看到你自己的不足，才会看到要怎么改变。四、是进步的进，你要不停地进步不然就会被社会所淘汰。五、是有劲的劲，要有干劲，什么事情只想不做都是空的。

我们今天讲大脑与学习，我们看到很多时候要改变你的大脑。我们大人对孩子的态度也在改变他的大脑、改变他的行为。我们用欣赏的眼光去看你的孩子，用正确的态度去解决问题。这时候你发现孩子每天不断成长和进步。有一天你突然发现，哎呀，他已经是个大人了。就像我看到我的孩子，小时候还在怀里抱着，现在已经比我高了。事在人为，我们的态度和观念是对的时候，就没有教不会的孩子。

郑石岩

　　台湾宜兰县人，台湾政治大学教育学系教授，作家，心理与教育专家。为台湾融合心理学、教育学与禅学于日常生活应用的倡言人。多年来从事心理咨询及教育工作。郑石岩从小学佛，对禅宗、唯识有相当的研究。曾任台湾"教育部"训育委员会常委，主管台湾学校与辅导事务。

培养孩子的适应力

郑石岩

我之前来过扬州，今年有缘再来，是送给我最好的礼物，我很欢喜，这一份缘令人感到殊胜。

一、适应力要从孩子抓起

有人认为，适应力是大人的事情，但是我通过多年的学习和研究以及在工作上的经验，认为适应力一定要从孩子培养起来，如果不在早期培养，以后需要的时间会更多，过程会变得越来越难。

适应力到底是什么，适应力是心理上的问题，也是社会进步带来的新挑战。文明越进步，社会变迁越来越快，生活和工作的适应力就越显得重要。科技进步很快，带来生产技术的改变，产品、市场、消费、理财、文化都跟着改变。如果今天不会使用电脑，买车票都会感觉困难。如果不会使用手机，都无法和别人交流。只有适应社会的发展，才能过得比较好。

二、适应力就是软实力

有一个词叫作知识经济，知识带动经济。知识本身在不断改变，所以知识有半衰期，知识学了之后，慢慢用不上，一半用不上时就叫作知识半衰期。20 世纪 90 年代，工程学的知识半衰期是 5 年，5 年没有跟进，你的知识就无法在现实生活中使用。如果学社会科学，是 8 到 10 年。如果是文学，大约在 15 年。进入 21 世纪，工程学的知识半衰期缩短为 2 年，经济、法律的半衰期为 5 年，文学的大概在 8 年，因为总有新的考证和知识不断出现。遇到学电机的教授或者从事通信的教授，他们就会说，"现在已经没有半衰期了，不学习很快就被淘汰了"。社会需要时时刻刻创新，不断去创造新的东西，我们要有好的适应力，才能生活幸福，活得精彩。

一个人有好的适应力，就是有很好的软实力。不管年龄如何，都要随着自己的年龄，学习更多的健康知识，调整自己的生活习惯。一个人结婚以后，和以前单身的生活不一样，要学习新的东西，生了小孩，也要学习。台湾有社区大学，很多"银发族"学习使用手机，因为他们有这样的需要，否则就会感觉落单，这就是适应力。社会越进步，越要重视这样的问题。

从心理学的观点看，每个人学习形成基模，是固有的思考方式，碰到任何一件事情，都可以对比，尝试了解，纳入自己的基模中来，叫作同化，然后产生调适，形成新的尝试，整个脑子里的过程，产生了适应力。如果一个人不能把社会变迁纳入自己脑中，环境变了，但他没有学习新的观念，在很多方面都会产生障碍，不能适应新的挑战，他就不知道怎么办才好。有人问我："老师，怎么办，为什么孩子不理我？"因为年轻人的工作很繁忙，他们不能整天在你身边服侍你，老人也要有适应力。

郑石岩教授在扬州讲坛开讲

适应力是人格的主轴，有四个特性：自由性、个体性、社会性、意义性。

适应力越好，自由度越高。在扬州工作，派去广州，或者欧洲，都能很快适应，这就是自由度好。自由不是说爱做什么就做什么，而是跟环境适应。心灵上的适应度很好，可以创造出新的生活方式。自由度高的人，不会和子女产生摩擦。有些老人到了生命末期，自由度很够，不会怪东怪西，还可以和护士说笑。培养孩子的自由度，到了每个地方，都很能适应。

每个孩子的人格特质都不一样，被培养出来的个体性有各自的特质。一位美国人，小时候功课不好，妈妈说功课不好没关系，我们培养诚意、尊重，你用自己的特质去生活，慢慢地，这个美国人交了很多朋友，口才越来越好，到广播电台去做节目顾问，劝人为善，最后进入了仕途。每个人的特质不一样，美术、数学、音乐等，总有擅长的，当然也有普通的孩子，但是孩子听话，让他买酱油就买酱油，叫他打扫就打扫，这就是有耐性，十年可见真功夫。

社会性，一个人的社会性很重要，要会和别人进行沟通，出外靠朋友，人得到朋友的支持，人的机会就会很多。

意义性，从生活中赋予人生的意义、方向、信仰，很好地实现自己的抱负，人生是有意义、有光明的。

三、父母要像导游一样引导孩子

主动自发，什么叫作主动性，心理学家路易斯很多年前在美国做了一个儿童智力测验，找到 1400 位天才儿童，来做一个追踪，看他们将来是不是很有成就。过了 52 年，答案是，这些天才儿童和普通儿童没有很大的差别。即使儿童很聪明，也需要好的调适，要有好的主动性，需要不断努力，只有锲而不舍地努力，才会有成就，可见主动性对一个人来说有多么重要。

主动性和教导者有很大的关系，父母越主动，孩子就越主动，父母对子女的影响非常大。有一个对1600多位不同领域的优秀人士的调查，调查发现，孩子从父母那里学来的主动性占69%，其中母亲的又占85%。母亲对孩子的影响很大，专业知识和能力是从学校而来的，但是能干是从妈妈那里学来的，从妈妈做家事学来的。一起去买菜，讨论上周买了什么，这周吃什么，考虑营养均衡，到了超市从哪个楼层开始买，这就是系统思考和执行力，孩子都会跟着父母一起学习。父母要像导游，走到哪里都要引导孩子。

四、要学会表扬孩子

表扬孩子，要说真实具体的事情。如果你说很乖、很聪明，太抽象，不容易启发。肯定他的东西必须具体，必须是真实的。比如，一天早上擀面皮吃，找不到擀面杖，小朋友说可以用麻油瓶，你就要夸奖他，夸他很会解决问题。

有一个实验，在几个学校做测试，每班找出5个潜在能力最强的孩子，其实名单是随机公布的，所以这些孩子中，有成绩好的，也有调皮捣蛋的。但是家长和老师是不知情的，他们对孩子的态度有所改变，孩子也相信自己的潜在能力，一年之后重新测试，那些调皮捣蛋孩子的缺点都没有了，可见信心对一个人有多重要。

刚开始上学的时候，我的成绩不太好，心里也很怕被别人问起学习的事。我们家住在高处，时常要到下面的水边洗衣服，很多人都在那里洗衣服。我那时，就像跟屁虫一样，跟在妈妈的身后，心里非常紧张。有乡邻问妈妈："你家孩子考了多少分，考了第几名？"我听到妈妈说："小孩子只要努力就好。考几分，有多少关系啊？"从那以后，我就永远记住了这句话。我很努力，做人做事都非常努力。后来成绩也有了非常大的起色。妈妈没有只看成绩，而是打开了我主动的力量之门。

郑石岩教授在扬州讲坛开讲

有的家长，对孩子的成绩非常迫切，总是要孩子改正自己的错误，不断改正，这种做法是不好的。因为，这会让孩子觉得自己是不好的。如果，家长在和孩子交流时，先讲好的方面，不但能起到纠正错误的目的，而且还会有意想不到的好效果。

五、成功者的几点要素

有一项调查，是请成功者说出他们成功的几点要素。搜集整理后，有以下五点：一是明白事理，二是广博知识，三是多方面的能力，四是干练的生活和工作习惯，五是毅力。

一个企业家找到我说自己很苦恼，因为孩子不肯读书。我说：你们家"风水"不好。对方不以为然。我接着说：一进门就是酒柜，然后就是一张大大的沙发，坐着就想躺下来的那种。我家的椅子，坐下去一定是直挺挺的。于是，我希望这位企业家进行调整，他把酒柜改成了书柜，并且从书店里选了书回来。后来，他告诉我，孩子确实有了很大的变化。

一个人要延缓享受，回到家不要忙着休息，要把家务干完了再慢慢享受。这样孩子也会在影响之下，慢慢肩负起责任。但是，也不要一味成为工作狂，不要失衡。

人也要有纪律，用钱要有节制，不乱用。孩子小学的时候，就可以给一定的生活费用，如果存用得当，可以适当奖励，大一点后，可以给孩子开一个户头。同时，也让孩子了解赚钱的过程。

很多人生活规律不好，早上睡眼惺忪，使用时间的纪律也很重要。中小学生，每天看电视时间超过 3 个小时，就会产生智力停滞现象，缺乏耐性。要用工作学习计划来管理时间。

乐观对人来说太重要了。乐观的人，遇到挫折也会站起来。有的人看到孩子考试少了 2 分，眉头就皱了起来。其实，这还要看试卷的难易，还有就是分析做题的问题。

一项调查显示，乐观的人工作效率和贡献要高出不少。乐观的态度也跟父母有很大的关系。我的乐观就是妈妈教我的，高中二年级，我做生意亏了。那时候快过年了，心中充满着自卑的感觉，我在家里愁眉苦脸。这时妈妈走过来说：做生意有赚有赔。还让我笑一笑。是的，人一定要乐观才行。

乐观和悲观的人，思考问题的方式是不一样的。乐观对未来充满希望。虽然一时没有做好，但是努力就好！

而且乐观的人，自己做得成功，也相信别人能成功。同时，教导者还要注意情绪的管理。父母还会影响孩子的人际能力，退缩、孤独和自卑都是人际障碍。鼓励孩子多参与交往。

此外，人的心灵中包括品德，品德发展得好，自信心高，人际互动好，比较容易获得成功。品德是人力资源的一部分。

总结培养适应力有五方面的促成因素：主动自发、生活纪律、乐观态度、人际能力、心灵生活。归纳起来就是"动律乐人心"。

总之，培养孩子的适应力，是前途的最佳保证。

张家声

河北沧州人，中国国家话剧院国家一级演员、导演，国家级有突出贡献的表演艺术家。兼任中国传媒大学兼职教授，北京海外联谊会副会长，香港普通话朗诵艺术研究会顾问等职。

口才乃人生必修课

张家声

大家好，口才乃人生必修课，这是中央戏剧学院和电影学院四年的课程，我要讲两个小时，所以我精简精简再精简，挂一漏万，现在就开始讲。

一、口才是表达的前提

口才，就是说话的才能，是人与人之间重要的交流工具，犹如人的血脉，中医有一句话叫不通则痛。语言非常重要，假如，我们人类包括在座的朋友们不会说话，这个世界不可能有电话和手机，不可能有电台、电视台、舞台剧、话歌、歌剧、秦腔、川剧、越剧等。不夸张地说，如果人类不会说话，就仅仅是一个高级动物而已。口才推进着人类社会的发展，所以我说，口才，乃人生必修课。不同的年龄，不同的民族，不同的职业，不同的文化，你都必须会说话。好像说话都会啊，说好，难！因此，要学！

我觉得每一个人，都需要重视口才，培养锻炼口才，以不虚度短短的一生。我去过一些国家，也进行过一些考察，像美国、英国、德国、法国，他们的名牌大学都有一门课程，叫作口才课，或者叫演讲课和辩论课，总之都是锻炼口才，而且都是必修课。这个必修课列入大学毕业的最后的分数，无论你是什么专业，都得学口才课。我多次到台湾和香港去讲学或者演出，有一次在香港看到一张报纸，报纸上的一个题目，使我惊然：当今世界有四宝，口才，时间，金钱，加电脑。当时我愣了一下，所谓的资本主义社会就认钱啊，怎么把口才放在第一位，把时间放在第二位，金钱在第三位，第四位才是电脑。大家思考一下，为什么把口才放在第一位，这就是他的重要性，这就是口才乃人生必修课。

我们的语文课，有所偏颇，重文不重语，在座都上过学，语文课老师讲究语言吗？讲究说话吗？只讲究文字。为什么呢？我思考了一下，因为考大学考作文不考说话。而说话比作文要重要得多！所幸的是近年有学校组织了个业余的朗诵团体，深圳也组织了一个朗诵家协会，说明开始重视了，重视的不是简单的朗诵艺术本身，而是通过朗诵艺术可以学到说话学到语言，比如说思想方法、思想创作技巧等。但是还远远不够。

二、体会语言的魅力

口才，把话说好，我们中国人首先要会说普通话，听懂普通话的人多，普通话表现力强，有魅力，所以国家推广普通话，这是一种国策。20世纪90年代初我到大连去演出，中午吃饭的时候，一个小伙子上菜，上菜要报菜名啊，"精肉"。我问："这是什么？"旁边一个北京历史学家说："他说，鸡肉。"我说："这口音不像啊。"旁边坐着一个台湾的歌手，在那边说等一等等一等，看着不太像鸡肉，他尝了尝，"张先生，不是鸡肉。"小伙子第二道菜上来了的时候，我问："小伙子，刚才是什么菜啊？""精肉。"我问："是鸡肉吗？""不是，精肉。"我说："这样，因为我是回族我不吃猪肉，你告诉我它是不是猪肉。""不是，精肉。""哎，你告诉我这精肉它长在什么动物身上啊？""长在猪身上。"那不就是猪肉吗！他说师傅告诉他这叫精肉。我说这要是在一个回族多的地区，这是一场战争，因为回族就忌讳吃猪肉，你告诉他是精肉不是猪肉，长在猪身上不是猪肉。这个故事对我教育很大，普通话非常重要，你端盘子送菜要把话说准确，在座的有教员等各种工作，更要把话说清楚说明白。普通话在中国犹如高楼大厦的地基，地基打不好高楼大厦盖起来就会坍塌，地基非常重要。

但是，会说普通话不等于会说话。90年代我去参加一个推广普通话的会，在人民大会堂一个小的会议室召开，许多副部长都参加了，因为国家非常重视推广普通话，我谈完了普通话的重要性以后，我话锋一转，我说会说普通话不等于会说话，一位副委员长说："哎哟，家声同志啊，人家都会说普通话了怎么还等于不会说话。"我说："当然，北京人都会说普通话，但他把话说得清楚吗，明白吗，有感染力吗，有形象力吗，有征服力吗，有震撼力吗？"有的人说话我不一定爱听，我不一定听得懂，他不一定有表现力，他不一定有征服力。说话就是征服力，征服不是武斗的意思，是让你相信我的话，按照我的话去做。你不仅得到了艺术的享受，而且得到了人生的陶冶，这才叫口才，而口才乃人生必修课，无论你做什么工作。

请注意我讲课的几个特点：第一，主讲；第二，互动，一会儿我要叫你们做练习，我希望你们勇敢地大胆地暴露自己来做练习，做练习的人会比一般听的人收获大；第三，就是观摩，我带了几个片子来观摩，一观摩你才知道，朗诵应该是什么意思，艺术应该是什么意思。下面我要举一些例子，例子中有创作思想、创作方法、创作背景，大家来思考，用脑子来想我讲的故事。

说话有三个要素：说什么，怎么说，为什么说。说什么是内容，怎么说是方法，为什么说是目的，我今天做报告也是这三点。我举一个例子，40 年前"文革"期间我住在一个小的四合院里，我的街坊是我的同学，同学有一个小女儿叫小三儿，3 岁多一点儿，大眼睛大嘴小鼻子小耳朵圆脸，聪明至极。这一天，12 月份，我感冒了，发烧 38℃多，当时我爱人不在家，我熬了一碗粥，买了北京的酱咸菜，我在那儿喝粥，小三儿咚一声推门进来了，看我吃饭就趴在桌子上，一句话说了三遍："张叔叔吃什么呢？""咸菜。""哦。"在我小屋里跑了一圈儿回来又趴在这："张叔叔吃什么呢？"我说："咸菜。""哦。"又跑了一圈，回来，还是那个表情，还是那个语言，"张叔叔吃什么呢？"我说："咸菜。"这个时候，"哼！"咚一声踢门出去了。我先问大家，这个孩子是聪明还是笨，你们说她想要干什么？（台下：吃——）人家没说要吃啊，人家只是记性不好啊，老问你这吃什么呢，三遍，这就叫口才，一个两三岁的孩子都需要口才，现在她都是总工程师了，太聪明了。

朋友们，我举完例子不要只笑，要揣摩，语言创作的要素。再举一个例子，我家住在北京的陶然亭附近，陶然亭附近有一个大公园，星期天我去买了一盆花回来，经过一个巷子，巷子里面卖什么的都有，有一个老头一看就是农民，很黑，60多岁，很瘦，蹲在那儿，前面有一个篮子，篮子上面盖一块儿布，布上面摆着两个鸭蛋，我看了一眼就过去了，我过去没走两步他吆喝了一声，我回来买了两斤，"咸鸭蛋啊，带油的。"嘿，我就爱吃带油的咸鸭蛋，过来就买了两斤，他没有文化，但他的目的很明确，我得赶紧卖出去，怎么把他的这个产品说得好呢，咸鸭蛋，带油的，同志们，这也叫口才。所以口才人人需要，行行需要。

我举一个例子，你们要从中了解语言的技巧和重要性，语言受智慧、文化、生活阅历影响。一个西方记者曾带有挑衅性地问我国一位领导人："某某先生，中国有妓女吗？"这位领导人连想都没想："有，在台湾。"这只是一个关于妓女的问题吗？这是政治啊，当时的台湾有红灯区，如果回答说没有妓女，就是间接承认台湾不是中国的。听到这个报告我当时就流眼泪了，这不是简单的口才问题，是智慧，是觉悟，是立场！

再举一个例子，有一个大作家叫萧伯纳，他有一个论敌，是个大胖子，长得像丘吉尔，他们每天在报纸上互相攻击，互相辩论，谁也不饶谁。有一天在巷子里，两人见面了，这巷子很窄，两人并排过去很难，必须有一个人侧一下身才能过去。大胖子在中间叉着腰，叼着雪茄："我从来不给王八蛋让路。"萧伯纳一侧身："我则不然。"大胖子很神气地过去了，走到头一想不对，一回头，萧伯纳一摆手，再见，这就叫口才。

三、无价之宝的口才

　　下面我谈一谈语言的价值，现在人们习惯用钱来衡量一切，但有的你无法用金钱来衡量，比如语言和口才的价值。几年前，中央人民广播电台零点有一个节目，主持人总是为人们解决矛盾。重庆有一个小伙子杀人后，在广东潜逃了 11 年，他每天半夜都听这个广播，据说他 4 点以前不敢睡觉，因为在广东 4 点以前是抓逃犯的时间，他悄悄地躲在厕所或者被窝里听这个节目，有一天，他打通了节目组的电话，找到了这位主持人，他说："我正在三岔路口，我请你帮助我解决问题。"了解情况后主持人把他请到了北京，给有关部门也打了招呼，因为他是个杀人犯。这件事情后来在中央电视台播出，我记得有一个镜头，这小伙子戴着脚镣进监狱，回过头来微笑着向这位主持人告别。他俩从来没有见过面，只是每天听她的节目，就感动了杀人犯去自首，这就是语言的价值，这个价值是金钱买不到的。

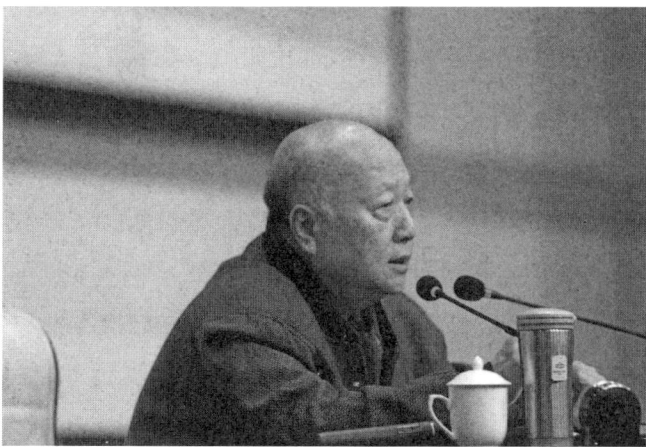

张家声老师在扬州讲坛开讲

我是演话剧的，50年代我在中央戏剧学院学话剧表演，现在在中国国家话剧院工作，已经退休了，还总被叫去工作，虽然我是学表演的，但是我涉猎了导演、教学、歌剧、广播影视等有声艺术，我喜欢研究这些问题，所以总结出：口才乃人生必修课。

刚才谈的是语言的价值，再举一个例子，我演播过《故土》，当时收到两千多封信，其中有一封信是北京盲人工厂用盲文写的，请中央台给我翻译过来，我一看泪流满面，半天说不出话来。这封信是什么呢？请听一听：亲爱的张老师，我们本来是一群盲人，什么也看不见，听了您演播的《故土》，我们仿佛看到了一个五彩缤纷的世界。最后一句话是：感谢您张老师，给了我们眼睛。朋友们，盲人最需要的是看见社会，但他们看不见，我的演播给了他们眼睛，我得过许多奖，都没有这个能够鞭策我。所以我在演出的时候我总想着这些盲人，我不仅让你们听清楚听明白，我要让你们看见，我要让你们闻见，让你们身临其境。

我一直用心灵演播我的作品，说的话要让别人得到感动得到启发，不仅获得艺术的享受，更得到人生的启迪，这才叫口才的作用价值。

再举个例子，1992年，我去大连主持一个大型的晚会，我这个人很认真，晚会当天的上午，我要求所有的演员都到场彩排，我把我的主持词都说一遍，大家记住自己在哪段话说完时上场。有一个演员就迟到了，等她来了以后，我跟她说，她的介绍词有些死板：某某是大连人，她在全军比赛中曾经获过二等奖，在全国比赛中曾经获过三等奖。我说给你改一改：某某是某文工团的演员，她参加了多次全军全国的比赛而且多次获奖，她所以获奖因为她声音好，她声音好我想跟她是大连人不无关系。我就很巧妙地把她是大连人介绍出来了，她说："我唱得好跟大连有什么关系，不要说这个。"

晚会开始了，她是第一个节目，总共要唱两首歌，第二首音乐响起时，发现伴奏乐错了，她急着下场去换音乐。体育场中间是一个很大的舞台，她穿着高跟鞋走了好几分钟，这时候观众就乱了，开始扔水瓶。参加晚会的市长很紧张，因为这是直播，而且台下坐着16个国家的代表，都是国家首脑，市长让秘书捎话来："张先生，务必压下去。"这时候女演员换好了伴奏乐回来，"观众朋友们大家好，我也是大连人，咱们是老乡"。观众骂得更厉害了，给老乡丢人，当时我想，如果早说她是大连人，中国人讲究这个，或许刚才就不会哄闹了。等我上去以后，观众依然在闹，注意我怎么说的，"亲爱的观众朋友们，我叫张家声，我到全国各地去主持节目，今天第一次来到大连，我感觉大连观众的欣赏能力、欣赏水平乃至于欣赏礼貌堪称全国第一"。听毕，观众席响起正面的掌声了，说话要讲究潜台词，我接着说："请允许我代表，来自日本，来自中国台湾、香港以及大陆的艺术家们向大连市的各民族人民，致以亲切的问候，和深深的、深深的敬意。"这就叫口才。如果不压下去，不堪设想，不夸张地讲那叫国际影响。

朋友们，我现在讲语言的价值，这个价值无法用金钱来衡量，所以大家要重视口才。有一个作品，是神话传说、诗歌谚语等组成的藏族民间文学作品，叫《格萨尔王》，120部，100万行，2000多万字，就靠说唱、吟诵传世的，直到今天。

四、做好准备再开口

现在谈一谈语言的现状，以电台和电视台为例，播音播得好的不多，播得差的很多，你以为字正腔圆念出来就算播得好吗，不是的。文字里面有思想，有内容，有情感。有一个教授说："播音，不需要态度。要客观，客观再客观。"我说不对，必须有态度，毛主席逝世了，你就知道说得慢，不微笑，穿黑色衣服，语调沉痛，这就叫作态度。

以播音界来说，很多人以不背稿为荣，不管什么稿，到了播音棚直接播，如果一两千字可以，因为有这个水平。如果播一部小说几万字，你不背稿，很容易闹出笑话。作为新闻工作者，你要有职业素养，播的东西要发音准确、动人、有感染力、朴实、真挚。

再举一个例子，我再强调一遍，我讲课爱举例子，例子里面有创作思想，有创作方法，和做人的品质，内涵非常丰富，请大家记住例子。在一个公司，有一个人，做了一件救死扶伤的好事，单位准备奖励5000元，广播播报时，"某某单位某某同志，救死扶伤做了一件好事，单位准备奖励一次"，他停顿了一下，"性补助5000元"。这怎么能乱断句呢，意思完全不一样了。

那么如何提高自己的口才呢？我觉得学习朗诵艺术，是一个最好的途径。朗诵艺术本身就是一种艺术，供人欣赏，供人陶冶。朗诵艺术是一种有声朗诵语言，有声朗诵语言的基础就是生活语言。一旦掌握了有声语言的方法与技巧，就能够指导你的生活语言。所以建议大家无论男女老少，都要学习朗诵，这是一种锻炼，口才的锻炼，上了年纪更要锻炼，否则语言就要迟钝了，往往人的衰老，从说话开始。

朗诵是一门艺术，有声语言的艺术，它源于生活的语言，就是说话。掌握了朗诵艺术的规律方法和技巧，能够知道你的生活语言，而生活语言，人人需要，行行需要。

作品是源，是本。理解是前提，不准确、不深刻、不丰富地理解作品，没有权利和资格去表达作品。如果硬要表达，只会荒谬之极。但是理解得很准确、很深刻、很丰富，也未必能表达出来，这需要表达的技巧、声音条件、艺术的处理方法，等等。

理解作品同样要有三个要素：理解什么、怎么理解、为什么理解。理解什么？一个作品的主题思想、时代背景、事件、矛盾、冲突等。剖析文章也是这样，人物、人物关系、矛盾、冲突、事件、时代背景等。概括起来四个字，叫规定情境。你必须深刻、准确、丰富地理解规定情境，才有资格权利去表达。

有16个字大家应该记住，理解作品要做到：心中有数，言之有物，心中有形，言之有情。

怎么理解作品呢？展开想象，人的想象力颇为重要，一个没有想象力的人可能智商非常之低。爱因斯坦有句话："想象力比知识更重要，因为知识是有限的，而想象力概括着世界的一切，推动着进步，并且是知识进化的源泉。"这就是想象力的重要性，一个艺术家要学习朗诵，必须培育自己的想象能力，一个没有文化、没有知识、没有生活的人，不可能有丰富的想象力。

还有一个词叫内心事项，我们现在说话充满了内心事项，我问一个问题大家积极回答："天安门的城墙什么颜色？"

"红色的。"

"你现在脑子里出现的是红色的三个字还是天安门的形象？"

"天安门的形象。"

这就叫作内心事项，可是往往朗诵者，或演戏那些人，脑子里没有那些事项，都是文字，毫无生命力，毫无感染力。所以你们变文字为形象，这就需要想象力。

"扬州最高的建筑是什么？"

"栖灵塔。"

你们脑子中是"栖灵塔"三个字还是塔的形象，肯定是塔，这就叫作内心事项，你必须变文字为事项，并且注入态度，用嘴说出来，才可能有生命力和感染力。

了解作品的原貌、全貌，才能确定你怎么表达。2007年我在深圳，市委给我举办了一个晚会——张家声从艺50周年"有声艺术语言"欣赏晚会。我念了古诗词、现代诗、散文、小说片段。你会看到我很激动，朗诵的东西不一定都是你理解的东西，一定都是你经历的东西。如果你停留在文字上，你的感情往往是挤出来的。没有感染力，所以艺术要真挚，要真实。做人是如此，我们的佛教就讲究真挚，许多事情都讲究真挚。

这两天，我来到这里非常高兴。这里的图书馆的环境很宁静，这里没有邪恶，没有肮脏，是一块净土，我相信你们会常来。

于 丹

　　北京师范大学艺术与传媒学院副院长、博士生导师。2006年获"中国十大教育英才"称号，被评为2006年品牌中国年度人物之一。致力于传播传统文化，力图揭示中国传统文化的当下意义，对中国传统文化进行当下价值的建构，在海内外文化界、教育界产生了广泛影响。

读书与读心

于 丹

烟花三月，美好的扬州，在这样一个美好的季节，我到这里来，怀着深深的感恩之心。

首先，感恩星云大师，他让我们能够结缘于此，也要感谢扬州，感谢这个充满了诗意的美好的地方，还要感谢这个阳春时节。每一个春风蓬勃的时节，都是我们向生命致敬的时候。都说今天这个时代有很多的浮躁，很多的喧嚣，其实能让我们自己的内心充满感激，我们的心就会柔软安宁下来。我常常想，星云大师这么多年的坚持，他的行迹几乎遍布全球，他启发教化多少人心。2013 年的第一讲，我之所以使用"读书与读心"这个题目，因为沿袭的是 2012 年 7 月 21 号，我和星云大师在台北中山纪念馆对话的题目，当时我们谈的就是这个题目，怎么样读书，怎么样读心。我们都说人要读书去获取知识，但知识不是智慧，只有读懂人的心灵，才能从书本直抵最高的智慧，我们才能够辨识出来自己行动的方向。也是在这个题目之下，我受到大师的很多提点，所以今天我也愿意在扬州讲坛用这个题目跟所有的朋友来分享。

一、读心是最高的智慧

为什么读心要比读书更重要呢？因为读心是无所不在的，我们读一个地方，读一个人，读一个世界，读一首歌，读一杯茶，读一朵流云，其实都是在读自己的心。可以说，读书是我们的起点，读心是我们的落点，我们从千变万化的文字之中，最终再识别的一点，就是我自己的本心自信到底在哪里。我们能不能完成这种自信的唤醒，我们能不能完成一种始终的坚持。从 2008 年到 2013 年，我们大家看看中国这些年的变化。其实，我们的心情在这个阳春时节并不轻松，因为有很多话题让我们觉得身上的使命感其实很强，忧虑和压力都同样很重。2008 年的时候，我们经历了一场大地震，但是大地震之后，中国人表现出苦难中的众志成城，众心凝聚。2009 年以后，我们陷入了一个新的讨论，我们总在探讨全社会道德水准下滑底线在哪里的问题。我们还都记得 2011 年"小悦悦事件"出现的时候，我们是那么震惊，我们一直在说阻止这个道德水准的下滑，其实是中国比 GDP 上升更重要的地方。我们一方面在提升着，但另一方面我们要有底线的坚守。在 2013 年的年初，长春的偷车杀婴事件，可以说又一次很深地刺痛了中国人的心。这样一个事件，你说它是一个小概率的偶发事件吗？人在这个事件中所做出的选择，它只是一个个案呢，还是整个社会道德伦理价值观念的一种折射？

我们在这样的一个话题下，来看读书在今天的意味。它还能够真正陶冶人心吗？我想读书已经不是锦上添花，不是茶余饭后的谈资，不是我们拿出来炫耀的孔雀翎毛，更重要的，它是我们内心信念的坚守。中国能走到今天，满眼繁花似锦，我们真正迷失的不是三月烟花，而是世界的繁盛。何去何从啊？我总是会想起大家都很熟悉的那个著名的禅宗的故事。一位公差押解着他的犯人，路途漫漫，那个公差很负责任，走在路上一定要每天清点四样东西。哪四样呢？第一，他手边有一个包袱，里面是他们两个人的寒衣和盘缠，这显然不能丢。第二，他手边有份公文，要拿着公文才能够去交差，这显然也不能丢。第三，当然是押着的这个犯人，这个和尚。第四呢，他还很负责任地每天都要清点一下自己还在不在。那么日复一日，每次上路之前，这个负责任的公差必定要看一看包袱。路很远，两个人也很寂寞，所以就免不了要互相照顾，路上要经常聊聊天呀，说说话呀，照应一下，渐渐地，大家就越来越像朋友，公差的警惕性也越放越松。终于有一天，他们两个饥寒交迫，在大雨里面赶到一个破庙中避雨，一进去公差累坏了，就瘫倒了，和尚一看，就很殷勤地跟他讲："哎，看，不远的地方有个集市，我虽然不能喝酒吃肉，但是我可以买点伺候伺候你，你休息好了，咱们再上路。"公差也就懈怠了，看看集市很近，说那你去吧。和尚跑去了，很快就抱着大堆的酒肉跑回来了，伺候着公差吃喝，一会儿公差就酩酊大醉，醺醺地睡过去了。和尚一看，机会终于来了，他就从怀里掏出一把刚刚买的剃刀，"簌簌簌"，把公差的头发给剃光了。然后呢，他把自己的袈裟脱下来，给公差裹上，把公差的衣服脱下来自己穿上，连夜就从庙里逃跑了。那公差睡得太实了，浑然不觉。一觉到天明，舒舒服服伸个懒腰醒过来，还好，记着要清点东西。伸手一摸，还好，包袱好好地在，再一摸，公文好好地也在，找和尚，和尚找不着了。庙里找，庙外找，怎么都找不着和尚。咦，坏了，这和尚哪去了？哎呀，这个和尚哪去了？咦，一摸，头是光的，低头一看，穿着袈裟，恍然大悟，哎，你看，着什么急呢，这不和尚也在嘛！哎，我自己不在了，开始找第四样东西。和尚倒是还在，那我哪去了？这次可是庙里找，庙外找，怎么也找不着了。所以这个公差，就再也没法上路，反反复复地问："和尚还在啊，那我哪去了？"我们走到 2013 年，我们都来问一问自己这个问题：我们自己还在吗？攘攘红尘之中，其实我们人人身上不都带着这四样东西吗？人生就是一条寻路，最重要的几样东西真的都还在吗？

包袱是什么？是我们生活的物质条件，是衣食住行。大家看看我们每一个人的变化，大家吃的会越来越好，穿的会越来越好，住的会越来越好，你放心，这是人的本性本能，没有人这辈子会忽略他的物质生活，他都会让它一点一点变得好起来，所以这辈子包袱你丢不了，一直都会带着。那再来看公文是什么。公文就是我们安身立命在社会上的这份职业。有工作你才有独立的社会地位，你才有收入，你才有尊严，有身份。所以你看，人们递名片，名片上的那个头衔都是越来越进步的，所以你放心，这个公文你基本上也丢不了。那么和尚是什么？他是公差管理的对象，是他押解的犯人，他行使主权管理的这个和尚，把他押解到位算他完成任务。我们人这一辈子在路上，都有好多要管理的事情，每一个阶段我们要管不同的事情，但是每天就忙着我们管理的事情，我们有没有意识到，会有一天，不知不觉，把自己置换成了囚徒。我们自己已经变成了囚徒，我们主体已经不在了，但是表面看起来忙的事情一样都没有少，包袱也还在，公文也还在，和尚也还在，但是自我是不知不觉之间就忙丢了。这样的情况，我们是不是也会有呢？今天是一个心存梦想，人人都怀有远大志向的时代。但是在这个时代里，最重要的是自我还在不在。那么，自我在哪里？谁能够找到真自我？我们为什么要讲读书与读心，一个人的心如果还在，自我就丢不了。我们怎么样会把自己忘了呢？大家想想中国人这个"忘"字怎么写呢？上面一个"亡"，下面一颗"心"，当心不在了，心已经亡了的时候，就忘了。人心中有牵挂，心还在，这件事就在。心不在，就过去了。那好，中国字"亡"字和"心"字还有一个组合，是什么字？竖心旁一个"亡"，那就是咱们现在每个人的状态，忙啊。忙是另外一种丢失自我的方式。忙着忙着，心也就丢了。所以我们看一看，我们有的时候，比如说该去开孩子的家长会了，该给自己的父母祝寿了，该跟朋友聚会了，我们忘了的时候是不是经常有个措辞，哎呀，忙忘了。忙和忘在今天常常在一起连用，忙忘了，如果这些最重要的事情你都忙忘了，我们还能记住什么？所以今天的生活太多人越来越用脑子计算，但越来越少用自己的心灵去感受。读书养心，是为了让这颗心强大起来，中国人的这颗心还得在。我们看一看，我们所有欢喜的事情，所有牵挂的事情，都跟心有关。

西方人说思想就是头脑活动，但你看中国人写出来，有所思，是心田里的活动。有所想是什么呀？叫作心相为想。心上的那个影像，你要是总牵挂着自己的孩子啊，自己的爱人啊，自己的好事啊，快乐啊，那你就不自觉地露出笑容，这些美好影像在你心上。但你要是总想：谁诽谤我吗？谁冒犯我吗？我还有一个债务没有还，我有一个过错怕被人发现。你心上如果老是被这些东西压着的话，那你脸上怎么都不会快乐。这就叫心相，有所想就是心上的影像。

还有经常说的慈善，慈善不在于善款多少，慈悲之心决定善良之举。慈悲二字都从心，你说什么叫作慈啊？不是说你的善款捐得越多就是真正的慈善，真正你要有内心的悲悯。你看"悲悯"，一个心字底，一个竖心旁，非心为悲，你为别人的苦难不幸疼得一颗心都不再是心了，非心，这样的悲伤，发自内在的，你还有吗？所以我们一旦做错了事情，人觉得很惭愧，我自己要忏悔。你看都是竖心旁，这样的心灵活动是自己在内心完成的。

特别有意思的，中国字的偏旁它是代表一种价值判断的。我们说"懒惰"这两个字为什么是竖心旁呢？一个人犯懒，不爱干活，不爱上班，不爱起床，看来是肢体的事情，但是为什么是竖心旁呢？一个人说我懒得上班，那多半这份工作他干得有点烦，而且没有自我实现，刚刚在竞争上岗的新人可不敢懒得上班。所以人的职业、家庭，到一定的时候，他没有新的建设了，他开始出现心里的厌倦了，他才有懒惰。所以你想想看，中国字写得有道理，懒惰是心里的事，不是肢体的事，一个人最终是在心灵中识别出来真正的自我。所以心字外边加个门，这就是烦闷的闷。你说谁给你解闷呢？自己不开门，谁能把你的心放得出来呢？所以如果这样说来，读书是为什么？我们的书要读到哪里去？我在中山纪念馆跟大师在对谈这个话题的时候，特别地说到了我们博览群书的时候，怎么样能够让所有的书在心中融而为一，成为话的反映。

我们知道星云大师读书的经历，就是如此。他是一边读书一边写书，一边收纳一边化合，涓涓流淌出来，滋养众生，这个过程其实就是闻而化之的化育啊。我们为什么要把那么多的书最终化合在心里呢？我们讲一个跟我们江苏很有关联的人，就是创建中国心学的王阳明。其实我想很多朋友应该比我更了解王阳明，为什么中国儒学的集大成孔孟朱王集于王阳明呢？心学在今天对我们还有启发。我们先来追溯王阳明生命的成长，他生长在风雨飘摇的大明王朝，他并不是生长在一个盛世啊。大家想想明朝是汉族多么孤绝的一个背影，在它之前，是蒙古族的元朝，在它之后，是满族的清朝，汉人的这个王朝，明朝可以说是孤单无比的，而那个时候积贫积弱宦官专权。王阳明，这个字号阳明，本名王守仁的孩子，生在浙江余姚，一个读书官宦的人家。11岁，他跟随他的父亲来到南京，他问自己的私塾先生，他说："师傅，什么是天下一等一的事情？"师傅说那当然是读书科举，考试啊。这个小孩子说我以为不然，天下一等一的事情乃是做圣贤。这句话让他的父亲和他的老师都大惊，一个11岁的小孩子要做圣贤。那他怎么做圣贤呢？读书。那么小的孩子只有读书，发心本意去读书，不是师傅让做的，是自己要做的。那么他读儒家的书，读得很较真，读到格物致知，要从这里开始才能修身，才能齐家，才能治国平天下。所以他就想着去格物，凡事要格出一个理来。任何一个东西理在哪里，叶子和花，也都有它们的道理吗？所以他就去自己家院子格竹子，他很认真，他曾经在院子里格竹子格了七天七夜，什么理也没格出来吧，把自己给格病了，大病了一场。后来发现格物不是这么格的，这样没有阅历，没有世事沧桑，不懂人情世故，就拿着书本去念，这不是读书的正理。现在的孩子读书，各种学前班、辅导班、各式各样先进的教材教程，有时候为什么还学不明白呢？我们跟王阳明比，缺的是什么？15岁的时候，他出山海关，他抱着大济苍生之志，一个江南少年，开始在边关骑射，他开始去考察中国要用什么样的力量才能保住这个风雨中的江山。所以这个时候他立下了一个宏愿，就是他要做一名武将。回来以后他开始习兵书，研读兵法，又读了几年，到了17岁，他去江西迎亲，在路上遇到道士在里面打坐。他进去问道士你在做什么，道士跟他讲，习导引术。哎，他觉得有意思就跟人家探讨毅力，一坐把娶媳妇的事都给忘了。大家就找不着他了，他舅舅找了一天一夜，终于把他找到了。王阳明这个人，用钱穆先生给他写传记的话来说，他的生命中一直有一种活泼跳跃激荡的热情。

我们今天不要说时代不好，我们先要问自己：我们的这份血性和热情还在吗？人间佛教最大的好处，就是有热情的、属于人间的宗教。它从来没有要我们遁入空门，它要我们用热情去坚持凡世间的这颗心，所以这颗心要更强大一点。王阳明用他的热情去接触了道家的这一切。他学习儒家经典，他习兵书，他又学导引术，18岁的时候，他就中举了，接着再往上考，考进士，但并不顺利，考了10年。但是，在这个过程里，王阳明有一句名言：世间以不第为耻，我以不第动心为耻。他说世人因考试不中而感到羞耻，我因为考不中灰心丧气而羞耻。既然我没考上，那我自己再继续学呀，谁能挡得住自学呀？所以王阳明这个人为什么心很大，就是从一开始就知道他在做什么。外在的功名、宠辱、得失，一切都不能阻挡他自我的修炼。28岁终于考中，他做过刑部的官员，做过吏部的官员，那么在他屡屡建功立业的时候，朝廷发生了一件大事，就是老皇上驾崩了。继位的皇帝只有15岁，这就是明武帝。这个时候就是咱们看电影看小说锦衣卫大行其道，东西厂日益猖獗的时候，宦官专权到了无以复加的程度，大太监刘瑾一手专权，大家一次一次上书，根本到不了明武帝手里，到了刘瑾这儿就直接处理了。这种情况下，王阳明仍然继续上书，前面就算是刀山火海，这是我的职责，我还是要去啊。太多的文人身上表现出这种气节，所以大家知道，书生万户侯，是文弱书生的事，但是真正读书强大的人格是无比坚强的。一个人可以是外柔而内刚，内心可以多么磅礴，多么勇敢，王阳明就这样很勇敢地上书，刘瑾大怒，王阳明官职被一罢到底，廷杖四十，打得真是血肉模糊，然后流放，把他发配到什么地方去呢？现在贵州的修文县，一个叫龙场的地方，那真是穷山恶水，遍地毒蛇瘴气的地方。他到那，有多少势力范围呢？加上他，11个人，23匹马，这就是龙场一城。在那里，王阳明要给大家找粮食，要给大家找治病的药，要让大家在这个瘴气之中能够活下去，费尽所有的努力。所有的家当中只有一样是属于王阳明的私产，就是一口棺材。他守着一口棺材开始重新梳理自己的生命，调动心中的血本，那么年轻，正值盛年的一个人，走到这里，他甚至没有想着活着回去。所以这也是一份放下，他不再追的时候他就有了生命的从容与坦荡。所以他看到周围苗族、傣族，连语言都不通。那个时候也没有电脑，什么都没有，书显然带不了那么远，能带的东西都在他的心里。所有的学问，这就是中国人说的叫一肚子学问，他从小到大那一肚子学问被他带走了，所以终于有了空闲。在别人看来这叫倒霉，但王阳明拥有了几年流光的空闲，原来忙于平定江山社稷哪有这样的流光啊。所以他开始重新想，人的知识，格物致知，致的是什么知呢？他突然明白了，原来知识并不在身外，完成从内心的唤醒，见到本性，这就叫致良知。致良知是心学最重要的结论之一，人人皆有良知，人人皆有自信。其实这个良知跟佛教说的众生皆具佛性是一样的。为什么星云大师也多次说，释迦牟尼不是神，其实就是众生。

我们想一想《六祖坛经》里说，不悟，佛是众生，一念悟时，众生是佛。所以其实有的时候苦难磨洗性情，王阳明就是在这个地方想到了致良知。有了这样的良知就够了吗？他更伟大的是第二点，叫作知行合一。要用良知化为行动去改造现实，这才是真正的落点。我们也在说今天这个时代不让人满意，所有不让人满意的时代更重要的是我们能为自己的存在让他变好一点点吗？我们有良知了，我们能让良知变成行动吗？王守仁的原话说得非常简单，说："知，为行之始；行，为知之成。"圣人只做一事，不可分为二处，他说知就是行动的开始，行动就是知识的成就。这本来就是一件事，不能分开两处。王守仁说了很简单的一句话，良知只是是非之心。你说是非之心谁看不懂，但是咱们今天迷惑的还就是是非之心。我们今天众多的迷失啊，读了多少书，有了多大的学问，人不见得就那么明白是与非。所以其实我们现在教孩子啊，比奥数、钢琴、外语、作文更重要的事就是要有是非之心。

孔子说过：仁者不忧，知者不惑，勇者不惧。"仁智勇"是三个最重要的道德，那么这三点，王阳明的解释是什么？他怎么解释儒学呢？他说仁爱，无非是个恻隐之心，就是人有同情；智慧，无非是个是非之心，能判别；勇敢，无非是个羞耻之心，知耻近乎勇啊。一个人如果知道什么是廉耻他就很勇敢。所以这几个基本道德无非都是一颗心。人有恻隐之心，有是非之心，有廉耻之心，这颗心里就有判断，君子道德就实现了。所以他就是这样解释他的致良知，并且要知行合一，在穷山恶水之中去建立他的功勋。他的这套学问做好之后，朝廷发现不能没有这个良将，所以在他 39 岁的时候，明武帝又召他回朝。因为那个时候，中国北方都已经被外国侵犯了，而中国南方社会矛盾加剧，农民起义不断，所以王阳明回朝之后，就忙于去平定各地。他去江西，去福建，他一直做到两广巡抚，那这一路下去，他用武装编制给老百姓去编队伍，然后又私塾一样地教化，去给大家讲文化，去用文明、用道理流化人心。所以王阳明每到一个地方都可以平定，他不是带着一些穿盔甲的人去镇压老百姓，而是用这样一种教化的方式。他这样勤勤恳恳、兢兢业业，做到46岁的时候，朝中又发生一件大事，明王反叛。谁来平叛呢？又是王阳明。一场惊天的叛乱，他用了35天就平定了。然而，平叛过后他又受到了诬告，这一次，功臣王阳明又被革职，被发配了。我们一般人谁受得了这种委屈啊？谁的生命受得起这种大跌宕啊？但是，这又给王阳明做学问的机会，他的心学还没有做完呢，所以他的心就变得更博大了。他把从孔子、孟子到诸子到二程所有的这一套打通了来讲，所以他得出一个结论，叫作心外无物，心外无理。他说其实人心之外，原没有物质的世界，人心之外，也没有道理的逻辑。学生又问他说："一朵花开在深山，它与你的心有什么关系呢？"王阳明说："一朵花开在深山，我心未见时，心与花同归于寂。"我要没看见这朵花，花是寂寞的，我的心也是寂寞的。但是我的心看见这朵花的时候，颜色一时分明起来。所以，花开原不在心外，就是这个道理。这个世界上所有的东西，就如同是幡动还是风动，最后无非是人的心在动。王阳明给学生讲的这一切，被他不同的弟子记录下来，每个人的听课笔记汇集在一起，这就是著名的《传习录》。那么把这一套心学系统养成之后，朝廷又不得不用他了，所以他再回朝。王阳明他活得并不长，57岁又一次去江西，在平叛的路上，积劳成疾，去世了。他这一生，我们起码可以佐证，可以跟我们的孩子们讲讲，一个人读书之后养大一颗心，对他的生命那是一种无上的坚持啊。中国人说，太上立德，其次立功，再次立言，这叫作三不朽。但其实，能做到三不朽的人太少。中国人是从立德开始，但是立德之后能立言的，那真是"男儿何不带吴钩，收取关山五十州。请君暂上凌烟阁，若个书生万户侯"。文人他能立言，你以为他能带兵打仗吗？做不到。能带兵打仗的人呢，醉卧沙场君莫笑，古来征战几人还。那都没回来。而王阳明是个什么人呢？你想一想，国家需要他的时候，他用自己的武功去平定天下，安稳社稷。但是朝廷给他委屈，给他磨难的时候，他用自己的文智去传承精神，化育文明。这就是他的独善其身，但他善的不仅仅是自我，更是我们整个文明血脉的传袭。这个人，文智武功集于一身，中国儒学的传统，由孔子提出中国儒家的最初思想，由孟子把它应用于社会政治，到朱子回归到哲学的追问，而其提出的诸多问题，集大成的答案在心学，最后是由王阳明结束了这个体系。

　　为什么我要将这位中国人作为样本？江苏人都应该熟悉他，离我们很近的这位老乡，他不能够给我们一点启发吗？我们看一看今天的人，一旦生命中遇到坎坷，我们很少能够东山再起。因为我们会纠结于受了天大的委屈，老天爷对我不公平，我一世英名毁了，我在这种沮丧郁闷之中，找不到未来的前途。假如没有明君贤主，没人给我平反，我可怎么活过去呢？那我们来看看，生命中大起大落的王阳明，文化是一种信念，文化是一种救赎，读书要读到这个份上才敢说它用来养心。所以王阳明的学问，简单啊，两个字"心学"，这就是心灵之学。这就是我们读书真正的落点，从这个意义上来讲，既然众生皆具佛性，我们眼前的各位，每个人愿意读书的话，都可以走向这条历练的道路。也就是说，在我们可以去做事的时候，在顺意发达的时候，我们可以风发扬厉，完成社会人格的自我实现。但是，一旦有困顿，有挫折，有坎坷，世界给你委屈，甚至给你磨难的时候，我们独善其身，完善自己的灵魂。你的完善是为了下一轮再准备好，我们不一定都能够左右这个社会的规则，但起码我们可以做到准备好最好的自己，时刻准备好一个自我。这个自我人格光明磊落，上不愧于天，下不怍于人。而面对这个社会，我们以一种最蓬勃的状态永远不失去信心。我想，这是大家读书所要的一个最好的状态。

二、让阅读成为平常事

那么特别要说一说关于读书，在今天这个时代，阅读其实变得既普遍又奢侈。我们之所以说它普遍，是因为阅读的手段越来越方便了，比如说我们可以有无数的出版物，可以有各式各样的文摘，我们还有电子阅读，从家里的电脑到 iPad，一直到兜里的手机，你想阅读到处都是。但是为什么我说阅读变得奢侈了呢？恰是因为这种触手可及的阅读，让我们变得越来越碎片化。应该说查个信息更方便了，但真正深刻的阅读越来越少了。还有多少人肯捧着一本书专注地、静心地花一把时光去读书中的本意呢？我们现在谁离得开搜索引擎啊？随便一件事，大到国际上现在正在发生什么，新出的一个热门话题，天文地理知识，小到家里烹饪方法，马上上网查阅求答案，这是我们今天的生活。但这不是阅读，可以说我们在享受充分发达便捷的信息，但这不是阅读。

于丹教授在扬州讲坛开讲

阅读是一件宁静的事。我记得我在佛光山吃的第一餐，当时跟星云大师对坐，上来一碗汤，汤是乳白色的，入口浓香，我说：怎么会有这么香的汤？是什么？大师告诉我说，很普通的菌汤。我说：菌汤怎么可能这么香呢？大师说我们出家人不用浓油赤酱，不用煎炒烹炸，我们无非就是有时光啊，我们用时间慢慢熬，所以你看就这四五种菌子，但是分不同时间丢下去，慢慢熬成的。终于熬好之后，临出锅，我们就是撒了一把炒熟碾碎的白芝麻，就把香气提起来了。这是食材本来的香气，但这点香气是用时光熬出来的。其实这餐饭，如同参禅，我就在想我们现在什么叫快餐？快餐就是不管什么原料，一律都是用浓油赤酱来煎炒烹炸，裹上各种香料面粉，外面再撒一把辣椒，那口感都极其的强烈刺激。几分钟做好，几分钟吃完，其实阅读也是这样的事。我们能不能够有一种真正的从容，花时光去调出食材本来的香气，花一点时光捧一本书读出它真正的意味。所以你会发现，最环保、最有营养的，还是这种自然熬出来的菌汤，不要说它不加浓油赤酱，它连味精都不用加。所以我们总在抢夺时光，但我们抢出来的时光你干什么去了？所以，今天的阅读，我把它分为两种，我个人的说法，叫作有用的阅读和无用的阅读。有用的阅读是为了知识，我们毕竟要晋升职称，要考学问，要考各种证书，那我们需要了解很多知识。但无用的阅读是为了生命成长，信手拈来，开卷有益，读的时候当下不见得有什么直接功用，但是久而久之你知道养心靠的是无用的阅读。在一个过于浮躁喧嚣的时代，人如果敢于做一点无用的事，也是一种勇敢，也是对自己生命的负责。我们总在说把时间都花在有用的事上，有用的事情创造的是价值，那是有意义，无用的事创造的很多是乐趣，但是有意思，人生的意义和意思平衡起来，那就是生命的意境。

我们不能一切只为意义而活，总还要有点意趣，才不负烟花三月的扬州啊。人在这样一个地方，我们感受着流光涤荡，千古以来那么多文人的魂魄眷恋如此啊，春花秋月依旧，我们就真是都忙于挣钱，忙于那点有价值的事吗？所以该怎么样读一点闲书，养一点闲心，让生命从容，这也是一门功课。

所以我说读书不要抱太直接的功利，那关于读书的境界，我曾经听到过一个有点极端的小故事，但是这个故事我很喜欢。有一位已经被判决的死刑犯，在他被执行的那天，他跟监狱长请求，说能不能再晚几个小时执行，我有事没做完。典狱长很奇怪："你还有什么事？家属也见了，送行饭也吃了，反正怎么都是要执行的。"他说不好意思，我有本书没读完，你再给我两三个小时我就能读完。那监狱长哈哈大笑，说："你这个时候还读书啊？你读了书到了那个世界是去考文凭还是要考职称啊？"他说我现在读书什么用都没有，只不过读完这本书可以让我走得从容一点。其实人到这个时候读书，那就毫无功利性了，它只是一种心愿而已。人在这样的读书过程中，他所体会到的，在人心里面所激起来的那种反省完全属于生命，而与生存毫无关联。孔子那个时候就曾经感叹古之学问为己，今之学问为人。他说古代的学问好，因为那时候的学问是为自己的生命，为自己读书。他说今天的学问是为别人读书，读了书就为了写文章，读了书就为了去拿一点自己的职业的回报，他说还是为己之学更好。其实我们今天读的书，也包括为己读的书和为人读的书，那我当然也希望我们为自己读的书更多一点。我们才能够在内心找到这样一种抵挡苦难的力量。我每一次到扬州，到平山堂这个地方，我会追慕欧阳修、苏东坡当年的遗风，想想他们在这里度过的好时光，想想从这里渡江过去到金山寺，见到佛印，多么近的一条路途。但是就在这样的往来之中，他们在酝酿什么样的生命人格的成长。苏东坡在这里的时候，还是意气风发的时候，在这里有良师，有挚友，大家在一起的这种修炼，那对着满眼好风日，那个时候，他有分别心，他还有愤怒，有的时候还较劲。但是这种修炼真正到了他生命困顿苦难的时候，他所读的书才反映出它的意味来。大家其实也应该比我更熟悉苏东坡，我们能够追念到他在这里留下的遗迹，想想他晚年怎么评价自己，他没有提西湖，他没有提扬州，没有提他所有风花雪月的地方，他说若问平生功业，黄州、惠州、儋州这是他最倒霉的几个地方，是他贬官的地方。他一生在新旧党争的夹缝之中，又有乌台诗案，那么他也是经历过几次生死的考验。我们看一看北宋的文人，那个时候，哪个官员骨子里不是个文人啊？欧阳修、苏东坡、王安石、晏殊、晏几道、范仲淹，每一个名字都可以说是高官，但每一个名字在文学历史上留下来，就是个文人，在文学历史上是那个时代的骄傲。

三、给心灵一个家

读书这件事，没人能干涉，所以中国古代知识分子的生活是什么样的呢？叫作君子左琴右书，有两样东西终身伴随，左手有琴，右手有书，而且有一种说法叫作君子无故不撤琴书。不遇到天大的事，不撤琴书。平时，就算走到穷山恶水，一琴一书也是一定要带走的。今天我们更容易做到，家里的 CD 机放曲子，看书更容易，一琴一书就简单地完成了。但是现在有几个人认认真真安静地听音乐，有几个人拿出时光好好地读书，我们总说古人能做到我们做不到，是我们不肯拿出那段时光来安顿自己的心。我们的心乱是我们自己舍不得时光，然后我们又怨流光打扰了我们的心。你要是自己过着碎片的日子，你自己不让日子完整，谁能够帮得了这颗心呢？你要是自己能像陶渊明说乐琴书以消忧，琴和书不离左右，那你的心就安顿了。

休闲是一种能力。我记得林语堂先生在《生活的艺术》里面说过这样一段话：美国人是闻名的伟大的劳碌者。他有三大恶习：第一，太遵守时间，时间感太强；第二，太专注于效率；第三，不懂得休闲。他当时做了个结论，中国人是闻名的伟大的悠闲者。不到一百年，中国就成了举世闻名最伟大的劳碌的民族。现在我们羡慕的都是美国人在休假，美国人会玩，世道轮换得太快了，中国人几千年留下来的这种传统，我们几十年就给打破了。所以我们是没有休息吗，我们去数一数国家的法定休假日有多少，数量极大，但是，我们有休闲的心情吗？为什么我们亚健康状况越来越强？为什么身体和心情都越来越差？说到底，没有读书读出来的这份透彻的心。

　　苏东坡到哪儿都能够快乐，到哪儿他看着都好，天天都能过节，他经历的那些事情对他来讲算什么呢？经历了那么多坎坷的党争风雨，他能够写下《定风波》，这对我们大家的心灵都是有启发的。写的是一次简单的经历，他跟他的朋友一起出去玩，结果"哗"一下下起暴雨来了，大家手里都没有雨具，纷纷地四散奔逃。而他没着急跑，他一个人在雨中慢慢地走，噼里啪啦，疾风骤雨，穿林打叶，那个动静可吓人了，但是苏东坡说动静大你可以不听啊，所以他起笔写的就是"莫听穿林打叶声，何妨吟啸且徐行。竹杖芒鞋轻胜马，谁怕？一蓑烟雨任平生"。大家想一想，我们生活里为什么总惶惑，很多时候都是这件事的动静把你吓着了，如果人的心够大的话，有什么动静你可以不听，这就叫莫听穿林打叶声。

四、解开内心的束缚

有一个禅宗故事,弟子去问师父:"我怎么样才能够得到解脱?"师父反问一句:"是谁挡住了你啊?"弟子又问第二个问题:"师父,何方才是净土啊?"师父又反问一句:"是谁玷污了你啊?"这个弟子又问了第三个终极的追问:"师父,究竟什么才是涅槃呢?"那么师父也给了他一个终极的反问:"是谁把生死给了你?"我们今天都想想这三个问题的答案,其实寻求解脱的人,是自己把持不住了;寻求净土的人,是你接受了那份玷污;我们自己渴望找到不生不灭、不垢不净、不增不减的那个境界,是因为我们心中的分别太重,我们自己有生死的颠倒恐惧,这一切本不在外面,都在自己的心。读书最后的落点要养大一颗心,就是养出了这样淡定的心。林语堂先生写《苏东坡传》,他最后说,谁是苏东坡呢?苏东坡这个人,其实只要提起这个名字,中国人就会露出会心的微笑。他是中国人心里的一种生活方式。苏东坡在晚年写给他弟弟的信里说:"吾上可陪玉皇大帝,下可陪卑田院乞儿。眼前见天下无一个不好人。"这段话呢,林语堂颇费心思,他说他上可陪玉皇大帝,下可陪卑田院乞儿,眼前无一个不是好人。然后林语堂就很纳闷,说苏东坡这辈子这么倒霉,有人冤枉他,有人陷害他,他在新旧党争的夹缝中荣辱浮沉,他就没恨过人吗?为什么看谁都好呢?最后,林语堂也了不起,他得出一个结论:苏东坡也有他的恨,但是他恨事而不恨人,因为恨人是无能的表现。这句话说得多么好,我们看今天社会的事件,一个小悦悦倒在那里,18个路人走过去,你恨的是这18个人吗?你要想的是如果社会的法治制度、医疗保险制度更好呢？如果此前没有上海彭宇案的判决，做好事非得要探头留下记录才不被诬诈，我们用好的制度去保护人性，那18个人也许不是铁石心肠。我们见到的一切，要恨的都不是这个人，而是要问一问：这种事情为什么会在当今的中国发生呢？我们能不能从追究个案到问责制度，我们让一个恒定的好的制度去保护这个社会。所以我记得在十八大报告里面曾经说中国社会完成的三个阶段的自觉，是从原来的道路自觉，到理论自觉，再到制度自觉，这个挺好。什么叫道路自觉，原来咱们叫中国特色社会主义道路，那就是摸着石头过河，因为世界上没有第二个这种特色的社会主义，我们自己的道路是什么样，是从一种自发的摸索中找出规律，找出规律就要总结理论，所以就到了理论自觉，要用科学发展观，尊重这个时代的变化，而最后的落点不是落在理论上，这也是知行合一，要落实在制度上，用好的制度保障，让这个社会能够稳定地去发展。

其实从中国古人的生命经历到佛经故事再到咱们现在国家的很多政策，你都可以把它融在一起看，它不过是思维的一种角度，制度的自觉一旦确立，杜绝了生成恶性事件的土壤，人性中的善良和鼓励就会得到发扬。在这样的情况下，你就会知道，没有什么个别的人可恨，你要恨的是诞生这个事情的土壤。因为恨事你就会更有动力去做事去改变，不恨人你的心胸才能放开，因为恨人是无能的表现。

于丹教授在扬州讲坛开讲

五、读出老理和规则

　　如果我们能够将古人的生活融会贯通，这才是真正有价值的，它才能让我们穿越一个一个的时代，找到我们当下真正有价值的目标。所以我在想，眼前这样一个春风的季节，中国人的生活方式在多大程度上可以让我们心中安稳呢？读书其实是伴随着一系列事物的生活方式。比如说，在这个季节里，古人是习惯于喝茶听琴的。在这样一种喝茶听琴的追思之中，让自己能够安顿，滋养以后再去以更大的力量改变世界。中国的茶很有意思，你看"茶"字写的就是人在草木之间。我想教教我们的孩子们爱中国茶吧，因为它是让我们了解这片土地，了解中国节令的一种方式。一杯清茶在手，如坐山林，如归草木，当人在草木之间，让自己得到滋养的时候，你就融入了自然。我们最不应该忘记的是土地里有我们的规矩。不背离土地，这才是原则。所以一颗心是本，人心要守住我们的根本，中国土地里的规则，我们现在不能继续完成农耕，但是要让我们的孩子守住土地里的信念。为什么中国人春天要喝春茶呢？因为春茶是绿茶，是不发酵的茶，那些最新鲜的茶芽茶尖摘下来在大铁锅里翻炒，断了青以后马上冲泡，在玻璃杯中几起几落，你看嫩嫩的茶尖绽放，绿莹莹的那个水色啊，把整个春天的荡漾都带到你心里，那是带着阳光的茶色，所以这样的一种清浅的颜色，就是这个季节的基调。但是到了秋天，万物归于萧瑟，那些个压翻的枝头，俯归向大地，秋云壁立，胸怀始开，人走向萧瑟时节的时候，就要平衡地喝半发酵茶。所以你看，乌龙系列，我们经常看见它发酵到红中青边，中心已经发酵熟了，但边还是绿色的，乌龙茶就是平衡在酷夏和严冬之间做一个桥梁。它温和，既不像绿茶那么冷冽，也不像红茶那种红艳艳的温暖，它是金黄色的。而到了冬天，很多人要喝熟普洱，要喝红茶，这是什么呢？温暖的全发酵的茶，把那里面的躁气戾气全都已经发酵掉了。外面白雪皑皑，寒风萧瑟，一盏茶入心入怀，温暖人心。你没有见过西方的人说春天我喝摩卡，秋天我喝卡布奇诺，夏天我喝拿铁，喝咖啡是不分档的，但是中国的茶，这是祖上神农尝百草，用命换来的这点福报，我们干嘛不珍惜呢？茶不需要多高的门槛，现在有一个很大的误区，就是我们把茶喝得太矫情了，好像不上茶馆，不喝多少年的茶，就拿不出手一样，但你想一想，中国古人说，开门七件事，叫作柴米油盐酱醋茶。茶就是老百姓生活的事，它跟琴棋书画诗酒花是对着的，它并不属于雅事，茶在俗事里。如果把茶都喝得矫情了，那我们真是离朴素的幸福越来越远了。作为中国人，你就有资格享受中国的一切文明。那种懂是血液基因里的，是源自于本心自信的，不需要文凭。其次，人如果真的想去了解，事事练达皆学问，谁说只能读书本。你愿意去学，随处都在给你信息，所以喝茶也是我们一种宁心平息自己的方式。

我经常说人不能忘本，因为今天太容易迷失了。因为这种都市文明走到今天，各大都市越来越趋同了。从纽约到巴黎，从伦敦到柏林，一直到北京，到上海，到扬州，到东京，到香港，到台北，你看看大城市有多大区别啊，立交桥都一样，大商场都是连锁店，人们穿的服装牌子，用的手机，各国都一样，大文明的令人惆怅就在于它是趋同的。而中国人本身有土地里的规矩是我们自己不能丢的。中国人什么时候都应记得人法地，地法天，天法道，道法自然。

我要说读书还有更高一层的境界，就是读的不是书本，读的是规则。孔子有一次讲着讲着不想说话了，学生跟他说老师怎么不说话了？你不说话我们记什么呀？孔子说，苍天说话了吗，一切都是顺顺利利地这么生长着，万物也都是生发着，老天爷不说话，行的就是不言之教，所以我们要从这样的天地道理中去找到规则。

我在这里给孩子们讲一讲中国人过节和西方为什么不同。我在西方经常被媒体问：中国文化和西方文化的区别在哪？现在你们也过圣诞节，跟我们西方的节有什么不同？我说你看，圣诞节，那是从天上诞生下来一圣人，他死了，再活了，你得过复活节，然后你向他感恩，就过感恩节，这都跟这个神有关，所以西方的节啊，都是人给神过的节。但你看中国的节啊，都是从地里长出来的。你看清明啊，端午啊，中秋啊，是跟着节气走的，西方过的是气节，东方过的是节气，西方过的是天上下来的节，东方过的是地里长出来的节，西方过的是给神过的节，东方过的是给人过的节。你说这还不是大差别吗？当然它们彼此没有高下，这是它们文化土壤中酝酿出来的。现在年轻人也很喜欢过西方的很多节，我的学生过，我也跟他们一起过。但是，我们还是不能忘了中国人为什么要过节气呢？因为每个节气上他知道该干什么，清明这么大的节，它是节气啊，你得不误农时才能有收成，所以这是我们另外一种阅读，就是我们喝杯茶就能读懂的事。如果你愿意跟着节令去喝茶，这种阅读更养心，不见得说阅读非得是文字，你只要留心，只要信任，在中国传统的规矩中，这种行不言之教的流化，有的时候认同得更深。所以有时候我跟我的学生们聊天，中国人要是不小心摔个跟头，他会说"我的天哪"或"我的妈呀"，你看他就没说过"Oh，my god"，中国人信天理，经常说这个人伤天害理，天理难容。人喊妈，就是他信伦理。中国人上阵亲兄弟，出门父子兵，这是多大的伦理。所以中国人的理在哪呢？一个天理，一个伦理，这就是中国人千古不改的老理。咱们科技再发达，国家再进步，其实守住底线就是别伤天别害理。天理和伦理到什么时候都是咱们的底线。所以我说要有是非之心，这就是中国为什么发达到如此程度，人反而分不清这个天理伦理的底线呢？

读书原本是件朴素的事，你不用觉得读书多么艰难，需要多高的成本，有的时候不过是朴朴素素地去理解传统中给你不变的信息究竟是什么。人最后要的是一份坦然，人如果能够这样去读书，那你就能腾出来很多时光，因为你放下了焦虑和纠结。刚才还说到左琴右书，没事的时候听点儿音乐，哪怕是世界的交响乐，有点审美的陶冶。又会有很多人说，我听不懂交响乐，我不知道那些交响乐主题都是什么，这也是个误区。我记得我小时候的音乐老师一上来讲贝多芬，说命运在敲门，中国有多少孩子都被这个给教伤了。其实听音乐，仁者见仁智者见智，你在这里面真正要听懂的是什么呢？是与自己内心的呼应。你心中有什么样的色彩，有什么样的风景，有什么样的动静，你去跟它呼应就够了。陶渊明的归来，其实就是以他朴素的心回到了自己的伦理之中。他本来就没钱，都是朋友给他凑钱买的酒，他喝醉以后，拿出一架琴，叫素琴，素到什么份上呢，就是一根琴弦都没有，说白了，就是根木头。给大家演奏，谁也没听着什么，他说：我喝多了，你们走吧，我要睡觉了。可是就这段故事，几百年后李白横空出世，给他写了一首小诗，李白说："陶令去彭泽，茫然太古心。大音自成曲，但奏无弦琴。"说陶渊明啊自从辞去了彭泽令，他的心已经天真混沌，归于茫然太古，大音自成曲，天地之间最大的音乐都不需要人演奏。你听一听春天的鸟鸣，急流水浪的声音，听听风掠过树梢，所有这一切动静都在人心还要琴弦何干？我们与生俱来有很多权利，却在这个世界上不停地要，一边要一边抱怨和愤怒，这本身就是一个伪命题。是我们错过了这个世界，还是世界抛弃了我们。这就像是一句谚语说，山坡上开满了鲜花，但在牛羊的眼里那只是饲料，所以让我们自己美好一点。

最后有一句很温暖的话，大欢止稚子，人间最大的欢乐其实就是能陪伴着自己的孩子成长。我们今天还有多少父母陪过孩子的成长，孩子从托儿所到幼儿园，从学前班到小学中学大学，很快就从我们的生命里疏远了。我们问一问，为什么早早他就上托儿所，因为我们忙啊，我们得忙着给他们挣钱去啊，这么忙还不是为孩子吗？其实孩子成长的这个时光，他最早对人的依恋，和他对世界充满天真的发现，我们可能都错过去了，我们总说人生追求永无止境，陶渊明可以做到有所止，人生可能改变这个世界的进取心是一直向前的，是勇敢无畏的，但是对于生活中的很多东西，有所止，人才知足。人知足，才惜福，才快乐。所以你看陶渊明是快乐的，其实我们要听的音乐，无非也是如此，听一听，天籁和睦，真正听一听我们心里的声音。

　　如果我们愿意，别忙着把自己忘了，把心放得轻盈了，我们就能听得见花开花落云卷云舒。其实生活的状态是自己的，我们从王阳明的一颗心说起，说到阅读世事风云沧桑，读懂世间潜伏的道理，还要回到这颗心。世间所有的阅读，最后养的还是自己的心。而自己有什么样的心情，其实跟目前的这个生活状态之间不见得是完全成正比的，我们怎么样能够境随心转呢？大家都知道佛家有句话叫，不怕念起，就怕觉迟。我们也会觉得生活有时不好，甚至有人性的恶念，嫉妒、报复的心情都是可能有的，但是用觉悟转掉它，这才是心灵里最大的力量。其实我总是觉得，在江南，在扬州，你再看古往今来的这些人，你能够细细体会这些人养了什么样的心。刚才说到的李白，李白经常过着穷困潦倒的日子，他那么爱酒，一生好酒，酒对于他来讲，如同余光中先生说的酒入豪肠，三分笑成了剑气，余下的七分酿作了月光。秀口一吐，就是半个盛唐。他一生不可离开美酒，但是他穷得常常买不起酒，他买不起酒的时候能够那么天真地突发奇想，他说"且就洞庭赊月色，将船买酒白云边"。这两句写得多漂亮，没钱买酒啊，我上洞庭湖和月光商量，你赊我点月色吧，我拿着赊来的月光到白云边买酒喝。我们今天写不出李白的诗，不是没有他的才华，是没有他这份天真。人越成长越觉得没钱就没尊严，怎么能活得像李白这样有尊严？孔子的学生说过："我能做到纵使我富贵了，我不骄横跋扈，纵使我贫穷，我也不对人阿谀谄媚。怎么样，老师我做的好吗？"孔子说："可以，你做得还行，但是不如贫而乐，富而好礼。"还有更高的境界，就是一个人纵使贫穷，他也欢乐。他纵使富贵，他也谦恭好礼。贫而乐，这个境界在今天，往往是被人耻笑的，我那么穷我能快乐起来吗？还反问得理直气壮。其实一个在贫穷中都能快乐的人，那你富贵的可能性会更多，你有朋友的可能性也会更多。因为你的生命状态流露出来的是正能量。谁不喜欢一个快乐的人啊？所以李白的天真让我们看到的就是这种天地之间的大欢乐。

所以先让自己好，再用自己的能量去改变这个世界，这种人生态度是中国人应该有的态度，起码中国的这点诗情，我们把它真正读懂，我们读出来一个眼中婆娑的春天，我们真正让明月入怀入心。不仅爱明月，而且爱他的道理。明月是多好的教育啊，每个人在太阳下，学习太阳永远的热，永远的圆，永远的进取，这就是我们的进取心。但是在月亮下，望朔之间，阴晴圆缺，变化不定，这就是我们的平常心。人的拿得起和放得下都在于自己的心，所以读懂明月，那也是一种缘分。李白能够"我歌月徘徊，我舞影零乱。醒时同交欢，醉后各分散"那是他跟明月之缘，因为他能够调动明月，跟他，跟影子对饮成三人。而我们总说做不到，是真的做不到，还是我们不想这样做呢？所以我说人读书，有的时候，除了读有用的书，还要养一把流光闲情，就是不负千古江山。很多人都在说今天压力太大，社会太险恶了，我们的悲伤太重，所以我们不再去登山临水。要是我说，这个逻辑要反过来讲。正因为今天的世事不够好，正因为今天的悲怆太多，所以我们就更不要负万古江山，我们去看一看万古之间的中国人都是怎么样走过的，他们在这样的山水怀抱中，曾经散过什么样的忧伤，他们又获得过什么样的力量，他们曾怎么样改变过这个世界，以至江山明月在今天还有机缘与我们重逢，而我们看过这一切之后，是不是该有一点信念，该有一点力量，让江山更好，因为我们还有子孙。所以这个世界，抬腿是往前走，落腿也是往前走，它有过繁盛，有过荒芜，但是它毕竟是一路要往前走的，明月一直在。扬州一直在，只要信念一直在，好日子，好山水，它就一直在，一个人心中有古今，他就有担当，他就会往前走，这样的春天，李煜不是也问过，"问君能有几多愁，恰似一江春水向东流"，那么多彻骨悲伤不是都走过去了。如果我们能完成信念的坚守，一方面，我们内心刚毅博大，对这个世界的担当和责任我们磊落光明，我们得像王阳明那样，以一颗博大的心，宠辱不惊去传承这个世界的信念；另一方面，我们得亲山临水，不负阳春三月的扬州，我们得在这样的山水自然里面，让一颗心蓬勃飞扬，我们的信念才会有根。人生要担当，人生要美丽，人生真正看过了这么多的古今，翻过了这么多的诗书，才知道最终要读懂的还是自己的一颗心。仅仅读懂是不够的，当知行合一的时候，我们的心就是世界的起点。今天都在说中国梦，其实梦想有一部分借了地气转化成现实，它才是好的理想。如果知识悬于天边不着地，那就是最终要幻灭的幻想，还有一部分更坏，空空地羡慕别人嫉妒别人，心生妄念，那就是妄想，我们让中国梦里多一些理想，少一些幻想，杜绝那些妄想，一个人的梦是一个人的梦而已，但我们的梦都连起来，就是一个最好的见证，所以 2013 年扬州讲坛第一讲我和大家重逢。我们从这个春天出发，从扬州出发，千古诗意还在，明月还在，春风涤荡瘦西湖，从欧阳修、苏东坡的心灵出发，我们怎么能够不给扬州一个最好的未来，我们怎么能够不给中国一个最好的未来，抱着这样的信念，祝福各位一切更好，谢谢大家。

图书在版编目（CIP）数据

教育十讲：给孩子一个幸福的世界 / 俞敏洪等著. — 北京：东方出版社，2017.3
（扬州讲坛）

ISBN 978-7-5060-9574-7

Ⅰ.①教…　Ⅱ.①俞…　Ⅲ.①青少年教育－通俗读物　Ⅳ.①G775-49

中国版本图书馆CIP数据核字（2017）第054276号

教育十讲：给孩子一个幸福的世界
（JIAOYU SHIJIANG:GEI HAIZI YIGE XINGFU DE SHIJIE）

作　　者：俞敏洪等
责任编辑：贺　方　王　萌
出　　版：东方出版社
发　　行：人民东方出版传媒有限公司
地　　址：北京市东城区东四十条113号
邮　　编：100007
印　　刷：三河市金泰源印务有限公司
版　　次：2017年7月第1版
印　　次：2017年7月第1次印刷
印　　数：1-8000册
开　　本：710毫米×1000毫米　1/16
印　　张：12.25
字　　数：95千字
书　　号：ISBN 978-7-5060-9574-7
定　　价：36.00元
发行电话：（010）85924663　85924644　85924641

星云大师谈当代问题系列

《星云大师谈当代问题 **❶**：心宽天地宽》

星云大师妙语开示
佛陀智慧跨越时空
点破心中迷茫，解脱人生困境

《星云大师谈当代问题 ❷：心净国土净》

族群伦理探讨

第一讲 佛教对族群问题的看法

第二讲 佛教对宗教之间的看法

第三讲 佛教对人生命运的看法

第四讲 佛教对家庭问题的看法

第五讲 佛教对青少年教育的看法

第六讲 佛教对应用管理的看法

第七讲 佛教对杀生问题的看法

第八讲 佛教对生命教育的看法

《星云大师谈当代问题 ❸：心安诸事安》

生死关怀探讨

第一讲 佛教对安乐死的看法

第二讲 佛教对临终关怀的看法

第三讲 佛教对身心疾病的看法

第四讲 佛教对宇宙人生的看法

第五讲 佛教对修行问题的看法

第六讲 佛教对丧葬习俗的看法

第七讲 佛教对民间信仰的看法

第八讲 佛教对素食问题的看法

《历史十讲：走进王朝深处》

二月河　康雍乾三朝政务与文化兴替

阎崇年　崇焕精神，薪火永传

毛佩琦　大明开国第一谋臣刘伯温

孟宪实　唐太宗的治国艺术

纪连海　长江三角洲：1645

方志远　古今眼光看明朝那些事儿

隋丽娟　近代史，慈禧无法绕过

蒙　曼　流星王朝说大隋——盛世兴亡启示录

都本伟　一代天骄成吉思汗

萨　苏　追寻120年前甲午战争真相

《国学十讲：追溯中国人精神之源》

马瑞芳　蒲松龄与《聊斋志异》

乔　良　新解三十六计

孙立群　中国古代士人的精神与生活

于　丹　阅读经典感悟成长

康　震　唐诗的永恒魅力

余光中　诗与音乐

崔永元　口述历史的文化魅力

沈伯俊　《三国演义》的精髓在道义而非谋略

翁思再　京剧艺术有三大美

蒙　曼　传统文化和中国人的修养

《人生十二讲：欢喜心过生活》

星云大师　享用财富比拥有财富更好

郑石岩　禅，优质的生活智慧

林清玄　欢喜心过生活

张晓风　人生别"贪杯"——"无限续杯"和"有限一杯"

慧宽法师　情绪管理开创智慧人生

毕淑敏　了解自己，把握人生幸福

余秋雨　仰望精神信仰这座高塔

于　丹　以读书养成从容心态

颜炳罡　以德服人是王道

刘　丰　科学与心灵的对话

戴忠仁　成功者的特质

黄　菡　幸福从心开始